Saliba

Mazza – aus der feinen Küche Syriens

Herausgeber: Elias Hanna Saliba, Hamburg
Vorwort: Prof. Udo Steinbach, Hamburg
Gestaltung: Mendell & Oberer, München
Konzept & Fotografie: Hans Hansen, Hamburg
Handschrift: Jacques Toffi, Hamburg
Lektorin/arabisch: May Mukkadem, Hamburg
Rezepte: Muhamad Salameh und
Mohamad R. Tamraz, Hamburg
Rezeptbearbeitung: Marlies Klosterfelde, Hamburg
Lithographie: NovaConcept Kirchner & Sander GmbH, Berlin
Druck: EBS Bortolazzi STEI, Verona/I
Einband: Buchbinderei Burkhardt AG, Mönchaltorf/CH

ISBN 3-907044-91-6

Verlag Lars Müller
Postfach 912
5401 Baden/Schweiz
books@lars-müller.ch

Saliba

Mazza – aus der feinen Küche Syriens

Vorwort von Udo Steinbach
Fotografien von Hans Hansen

Einführung

Welch eine sympathische Idee, uns arabische cuisine so anschaulich näherzubringen. Und dies nicht so sehr als Sammlung von Rezepten für den professionellen oder den Hobby-Koch. Die farbig-ästhetische Presentation soll vielmehr Einladung sein zum arabischen Essen und zum Genießen. Aber nicht weniger auch zu Betrachtung über jene Kultur, aus der der Meister kommt. Esskultur als Erinnerung und als Wegweiser.

Das Abendland hat sich viele Vorstellungen vom Orient gemacht; die kulinarische Seite ist kaum darunter. 1001 Nacht hat uns den Orient als Welt der Märchen, der Verwandlungen, der Abenteuer und der Liebe vorgegaukelt. Getafelt wird auch; aber Essen (und Trinken) treten in der Wahrnehmung eines Europäers hinter der Wunderwelt des Kalifenhofes, dem Zauber der orientalischen Stadt, den Abenteuern und erotischen Eskapaden zurück.

So ergänzt diese liebevolle und anschauliche Visualisierung arabischer cuisine nicht nur jenen unwirklichen und fabelhaften Teil unserer Wahrnehmung einer Welt, die unser Nachbar ist. Sie regt uns vielmehr auch an, etwas mehr wissen zu wollen über diese unsere Nachbarn, die Araber, und über das hinaus, was wir zu wissen vermeinen. Und das scheint wenig und noch dazu entstellt. Die vergangenen Jahrzente mit ihren politischen Ereignissen und Entwicklungen im Vorderen Orient, und in Nordafrika haben es mit sich gebracht, daß sich unser Bild verdunkelt hat. Kriege, Unterdrückung und Gewalttaten im Namen von Ideologien, aber auch der islamischen Religion sowie fabelhafter Reichtum, der aus dem Wüstensand strömt, haben sich im Westen immer tiefer eingeprägt und Zerrbilder entstehen lassen, die vom dumpfen Fanatiker bis zum dickbäuchigen und vielweibrigen Ölscheichs reichen.

Küche und Kochen verweisen auf die geselligen Seiten des Lebens. Essen und Essenvorbereitung sind in Arabien ein wichtiges soziales Ereignis, bei dem Beziehungen geknüpft und gepflegt werden. Das Stichwort Gastlichkeit ist damit gleichsam wie von selbst in den

Raum gestellt. In der Tat erfährt auch heute noch der Besucher jene gastliche Aufnahme, die zu den ältesten menschlichen Traditionen der Araber, aber auch anderer "Orientalen" zählt. Ob in Nordafrika, im Vorderen Orient oder auf der Arabischen Halbinsel, ob bei hoch oder niedrig - der Gast hat stets einen besonderen Status. Das Essen, das man mit ihm teilt, ist Ausdruck der Aufnahme, die der Fremde erfährt. In der rauhen Atmosphäre der Wüste, der die Araber in ihren geschichtlichen Wurzeln entstammen, bedeutet die Aufnahme als Gast zugleich den Schutz vor Gefahren.

Die arabische cuisine, deren appetitliche Reize uns in nachstehenden Bildern entgegentreten, hat ihre lange Tradition. Unsere Kentnisse ihrer Geschichte verdanken wir einer Reihe von Quellen. Die reichhaltige geographische arabische Literatur umfaßt nicht selten auch Beschreibungen der Eßgewohnheiten. Die Werke der schöngeistigen Literatur, die einen Spiegel der urbanen Lebensweise und zugleich die Summe aller Kentnisse und Fähigkeiten vermitteln, die einen Menschen zu einem zivilisierten Wesen in einer hochzivilisierten Gesellschaft machten, in der er bestehen und Erfolg haben konnte, berühren nicht selten Essen und Trinken. Von den in der arabischen Sprache eleganten Geschichten und geschliffenen Liedern, die oft im Zusammenhang mit Berichten über Kleidung, Reittiere, Waffen, Landschaften, Zeitvertreib etc. stehen, gibt es immer wieder auch Informationen über Essen (und Trinken!). Was diese sogenannte adab-Literatur so nützlich werden läßt, ist die Beschreibung der Umstände, unter denen bestimmte Gerichte gefertigt, serviert und konsumiert wurden. Geschichtswerke schließlich, aber eben auch Märchen, liefern uns weitere Informationen zur arabischen Küche im Mittelalter.

Doch hat es auch nicht an Büchern gefehlt, die nach unseren Kategorien als Kochbücher bezeichnet werden können. Schon der früheste arabische Bücherkatalog, der Fihrist des Ibn el-Nadim, der im 10 Jahrhundert lebte, verzeichnete solche Kochbücher, die, wie die Namen der Autoren kenntlich machen, von Angehörigen der Oberschicht der arabisch-islamischen Gesellschaft verfaßt worden sind. Leider sind uns die bei

Ibn el-Nadim genannten Werke verlorengegangen, so daß wir über den Inhalt und die Qualität der Rezepte nichts sagen können. Die Existenz solcher Bücher macht deutlich, daß das Interesse an kulinarischen Genüssen und deren gesellschaftlicher Stellenwert so hoch waren, daß man es für Wert hielt, über dieses Thema Bücher zu verfassen. Auch in späterer Zeit wurden immer wieder Kochbücher geschrieben, von denen uns einige erhalten sind. Diese Werke stammen nicht nur aus Bagdad oder Damaskus, sondern auch aus dem Westen, dem islamischen Andalusien. Gemeinsam ist der Mehrzahl der Kochbücher ein Vorwort, in dem die Autoren die Gründe und Motive der Abfassung ihrer Werke darlegen (und sich in einigen Fällen auch rechtfertigen). Dies geschieht mit Koranzitaten und Prophetentraditionen, aber auch mit Sprüchen aus der arabischen Weisheitsliteratur, Philosophischen Sentenzen, und nicht zuletzt auch im Zitieren berühmter Verse. In diesem Vorspann machen die Autoren ihre persönlichen Gründe für ihre Darstellung deutlich. Hier erklären sie, daß sie die Kochkunst durchaus für eine kulturelle Leistung halten, die es

verdient, aufgeschrieben und so der Nachwelt überliefert zu werden.
Unser "Kochbuch" beginnt nicht mit Koranzitaten oder Prophetenüberlieferungen. Unser Küchenmeister überläßt es der Suggestion der Bilder und dem Betrachter nachstehend abgebildeter Gerichte zu beurteilen, wie gelungen sie sind und ob sie den Appetit anregen, sie zu seinem leiblichen Wohl zu verzehren. Er braucht auch die Veröffentlichung eines Bändchen über die arabische cuisine nicht zu rechtfertigen. Sind doch derartige Bücher in der heutigen Zeit hierzulande hoch im Schwange. Und über die cuisine vieler Herren Länder informieren zahlreiche Zeitschriften und Spezialseiten an den unterschiedlichsten Orten. Eine Reflexion aber verbindet sich mit den Koranzitaten früherer Jahrhunderte doch - sie berührt die Tatsache, daß unser Meister arabischer Christ (aus Syrien) ist. Wer hierzulande "Araber" sagt, versteht diesen als Muslim. Dies ist unzutreffend. Nach der muslimischen Eroberung des Vorderen Orients im 7 Jahrhundert hat es - wie übrigens auch in Spanien - viele Jahrhunderte hindurch bis in die Gegenwart eine islamisch-christliche

Symbiose gegeben. Tatsächlich war der Islam eine tolerante Religion. Durch die Geschichte hindurch gesehen, hat - alles in allem - keine der großen monotheistischen Religionen, die ja alle drei in der gleichen Region ihren Ursprung haben, auf Toleranz ein Monopol.

Auch heute noch haben die Christen im arabischen Vorderen Orient einen Anteil an der Gesamtbevölkerung von zehn bis vierzehn Prozent. In den letzten Jahren haben sich an den Rändern der islamischen Gesellschaften Elemente ausgebreitet, die auf eine stärkere Islamisierung, d.h. auf eine Erweiterung des Geltungsbereichs des islamischen Gesetzes in ihnen hinwirken. Sie sind unterschiedlich stark und auf keinen Fall gleichbedeutend mit Extremismus oder gar Terrorismus. Es kann aber nicht übersehen werden, daß diese Entwicklung begonnen hat, sich auf das Leben der christlichen Minderheiten auszuwirken. Den wahren Geist des Islams, den Geist der Toleranz, zu bewahren, wird eine der wichtigen Aufgaben der politischen und geistigen Eliten in den arabischen Ländern sein.

Toleranz muß aber auch hierzulande angemahnt werden. Die Verbreitung arabischer cuisine in Deutschland - eigentlich ein Spätankömmling unter den kulinarischen Spezialitäten nicht nur im Vergleich zu europäischen, sondern auch chinesischen - veranschaulicht uns nicht zuletzt auch im Zusammenhang mit der türkischen Küche in Deutschland, die mit der arabischen - eine Folge des Osmanischen Reiches - mancherlei Gemeinsamkeiten aufweist, das deutliche Anwachsen einer "orientalischen" Gemeinde hierzulande (und in Europa). Hier liegt insofern auch ein kulturelles Problem, als sich damit zum ersten Mal die islamische Religion im Herzen des "Abendlandes" sichtbar macht. Teile der Öffentlichkeit reagieren irritiert. Vor allem jeder Neubau einer Moschee führt zu Diskussionen, bei denen nicht selten sogar das Szenario des Untergangs des christlichen Abendlandes beschworen wird.

Den Islam als die Religion einer wachsenden Zahl von Muslimen in Europa (und Deutschland) heimisch zu machen, ist eine der Zukunftsaufgaben der hiesigen Gesellschaft. Wie weit werden die europäischen Gesellschaften ihre Toleranz dehnen können, ohne ihre eigenen kulturellen und politischen Werte verbiegen zu müssen? Und wieweit werden Muslime gehen können, nicht nur die Ausübung ihrer Religiösen Praktiken, sondern auch die Durchsetzung ihrer religiös-gesellschaftlichen Wertvorstellungen und die Geltung des islamischen Gesetzes zu beanspruchen? Dies in einer Weise, in der es ihnen möglich gemacht wird, sich als Muslime zu fühlen und kenntlich zu machen und zugleich doch die kulturelle, religiöse und gesellschaftliche Andersartigkeit der nichtislamischen Mehrheit zu respektieren. Die Präsentation arabischer cuisine, d.h. die Visualisierung des Heiteren und Geschmackvollen durch einen arabischen Meister syrischer Herkunft, ist aber auch ein Moment einer kurzen ernsten Betrachtung. Sie bezieht sich gleichsam auf die politische Großwetterlage im Nahen Osten. Der fehlende Friede hat tiefgreifende Auswirkungen auf das Leben der Menschen in der Heimat unsers Meisters. Ihr Denken, ihre materiellen Ressourcen, ihre politischen und gesellschaftlichen Ordnungen sowie ihre kulturellen

Entfaltungsmöglichkeiten sind über Jahrzehnte von Krisen und Konflikten geprägt worden. Nur ein Zusammenleben zwischen allen Konfliktparteien, das auf dem Prinzip der Gerechtigkeit gründet, wird die Menschen wirklich erlösen und freimachen, sich an dem weltweiten Aufbruch zu beteiligen, der seit Ende des globalen Konfliktes der vergangenen Jahrzehnte eingesetzt hat. Das beinhaltet zugleich, daß Araber und Europäer, deren Nachbarschaft eine von Geographie und Geschichte bestimmte unabänderliche Tatsache ist, ihre wechselseitigen Beziehungen nur dann werden gedeihlich gestalten können, wenn der gute Wille aller Beteiligten auf ein politisches und kulturelles Nebeneinander gerichtet ist, das von aufrichtigem gegenseitigen Verständnis und vorbehaltloser Anerkennung der Gleichberechtigung getragen ist. Die Verwirklichung von Gerechtigkeit, Freiheit und Menschenrechten ist die Voraussetzung eines Zusammenlebens, das über den Genuß der cuisine der jeweils anderen Seite hinausgeht.

Die ernsten Betrachtungen aber sollen nicht den heiteren Geist vertreiben, der dieses

Bilderbuch arabischer Küche durchweht. Die Abfolge bunter Gerichte erinnert an die Tradition dekorativer Kunst der Araber. Das Schöne in immer neuen Varianten mit unendlicher Phantasie zu wiederholen und so Geist und Phantasie anzuregen. Das Prinzip der islamischen Kunst, das die Kultur der Araber seit dem siebten Jahrhundert bestimmt hat - auch hier wird es gleichsam manifest: Das Eine, das in der Vielheit waltet; und die Vielfalt, die auf Eine verweist.

Die Ästhetik der Speisen, wie sie sich in nachfolgenden Bildern eindrucksvoll darstellt, findet ihre Entsprechung in der arabischen Schrift, in der unser Meister seine Kunstwerke präsentiert. Sie ist das Vehikel der Sprache Gottes, in der dieser die letzte und - nach Glauben der Muslime - endgültige Offenbarung übermittelt hat. Arabisch als die Sprache Gottes und die arabische Schrift als ihre Erscheinungsform haben auch eine heilige Dimension.

Natürlich, dies ist ein sinnliches Buch, das ganz dem Diesseits hingegeben ist. Aber auch damit es durchaus eines Leitmotivs der arabischen Kultur in der islamischen

Epoche. Dem Spirituell-Religiösen stand das Diesseitig-Sinnliche stets an der Seite. Dieser Tatbestand würde noch augenfälliger werden, wenn der Darstellung des Essens die Versinnlichung des Trinkens hinzugefügt würde. Vom Wein singen - in teils mystisch-symbolischer, teils handfest-irdischer Form - große arabische Dichter. Einer der bedeutendsten unter ihnen ist Abu Nuwas, der im ausgehenden achten/beginnenden neunten Jahrhundert im Irak lebte. Er gilt als Wirklichkeit in seiner Heimat ist er skeptischer geworden. Das Standbild des Abu Nuwas steht am Rande der nach ihm benannten Straße in Bagdad am Ufer des Tigris. Einst die Flaniermeile der Menschen in Muße und Entspannung, erscheint sie heute traurig, herunter-gekommen. So hören wir abschließend den wohl genialsten zeitgenössischen Dichter arabischer Sprache, den syrisch-libanesischen Poeten Ali Ahmad Sa'id, der unter dem schillernden Pseudonym Adonis schreibt. Enttäuscht und verzweifelt ist er 1986 nach Paris übersiedelt. Sein Gedicht "Totenklage für Abu Nuwas", 1961 zum ersten Mal unter den "Gesängen Mihyars des Damaszeners" publiziert, läßt eine andere Gemütsverfassung erkennen.

der Dichter des Weins, der Liebe und des Trinkens. Der Kritik an allzu ausschweifendem Genuß entgegnete er einstmals mit dem Vers:

دع عنك لومي فإن اللوم إغراء
وداوني بالتي كانت هي الداء

Laß ab, mich zu tadeln;
reizt doch der Tadel mir noch mehr.
Heile mich mit ihr,
die meine Krankheit ist.

Das kann alles bedeuten, die Liebe, den Weingenuß und das Essen. Auch unsere Bilder sind Betrachtung und Verführung zugleich. Was gilt, der Augenblick des Genusses. Wer da mäkelt, dem halte man Abu Nuwas vor.

Totenklage für Abū Nuwās:

Du irrst umher, und der Tag ist um dich eine
Ewigkeit
Aus den Überresten eines verlassenen Lagers
Du fühlst wie die Zeit
Auf deinem Antlitz erscheint
Und weißt, ich bin hinter dir, in der Prozession der
Steine
Die unserer leblosen Geschichte folgt
Ich, die Dichtung und der Regen
Meine Feder ist die Brust junger Sklavinnen
Und meine Blätter sind das Leben.

Laß uns, Abū Nuwās –
in Mäntel und Reste von Lagern hüllen um die
Nächte
Tyrannen sind unsere Geliebten und wie der
Himmel verlogen
Laß uns den Funken und dem Wind, der schönen
Qual.

Wir töten die Hoffnung und die Auferstehung
Wir singen, flehen um Hilfe und leben mit dem
Stein
Wir, die Dichtung und der Regen.

Laß uns, Abū Nuwās.

Die Verse von Adonis erinnern uns aber auch daran, daß die Poesie als einer der großen Beiträgen der Araber zur Weltkultur bis in die Gegenwart lebendig geblieben ist. Von dieser Lebendigkeit der Tradition bezeugt auf seine leichte und sinnenhafte auch Weise unser Büchlein. Es mag uns zugleich die Augen dafür öffnen, daß Arabien mehr ist als nur Erdöl und Konflikte. Eine Welt vielmehr, in der Menschen leben, die uns noch immer viel zu geben und von denen wir - auch essend - manches lernen können.

Udo Steinbach

Rezeptliste

1. Labneh el Maas, Ziegenquark.
2. Bamie ma Tamatem, Okraschoten in Tomaten.
3. Jasar bi Charat, gewürzte Möhren.
4. Djibbnet charoüf, gewürzter Schafkäse
5. Safiha ma Lahmeh, Pita mit Lammhack.
6. Arris bi Safaran ma Ful Achdar, Safranreis mit dicken Bohnen
7. Saltat Chiar bi Laban, Gurken-Joghurt-Salat.
8. Fatayer bidjibben wa Habbac, Hefeschiffchen mit Käse und Basilikum.
9. Karnabit arabi, Blumenkohl arabisch.
10. Batata harra, gebratene scharfe Kartoffeln.
11. Hümüs, Kichererbsenpüree.
12. Saltat Salleq ma Sabib, Salat aus Mangoldstielen und Rosinen.
13. Nakanik, Lammwürstchen.
14. Arris bi Safaran ma Sabib, Safranreis mit Rosinen.
15. Baba Ghannoüj, Auberginenpüree ohne Tahina

16. Kussa ma Djirdjer, Zucchini
mit Raukedip.
17. Zaatar, Gewürzmischung mit Sesam
18. Salek bi Lübbije, Schwarze
Augenbohnen mit Mangold
und Koriander.
19. Lübije bel Banadura, Schneidebohnen
20. Djirdjer, Raukesalat.
21. M'Hammara, Paprikapaste mit
Walnuß.
22. Mehschi Salleq, gefüllte Mangold-
blätter.
23. Krafs ma Atton, Sellerie mit
schwarzen Oliven.
24. Falafel, Kichererbsenbällchen.
25. Saltat al Schondor, Rote Bete Salat.
26. Batendjan ma Djibben, Auberginen
mit Schafkäse.
27. Burghul bil Banadora, Burghul
in Tomaten.
28. Saltat Fasolia blidda, Salat aus
großen weißen Bohnen.
29. Basturma ma Tamerr,
Basturma mit gefüllten Datteln.
30. Lübije bel Seyt, Grüne Bohnen
mit Olivenöl.

31. Humus bel Lahme, Kichererbsen-
püree mit Hack.

32. Sofieha ma Sesam, Chibbis bi
Flefle, Pita mit Sesam und
Paprikamark.

33. Ful ma Nanah, Foulbohnen
mit Minze.

34. Taratoursauce, Sesambuttersauce.

35. Kibbeh mehschijeh, Gefüllte
Burghul-Fleischbällchen.

36. Saltat al Zaitun, Olivensalat.

37. Batata Mathoune, Kartoffelpaste.

38. Moussakaha, Auberginenragout.

39. Moutabal, Auberginenpüree
mit Tahina.

40. Saltat Batata Scharkije
Orientalischer Kartoffelsalat.

41. Flefle bi bharat, Gewürzter Paprika.

42. Schumra-Tamatem, Fenchel-Tomaten.

43. Tabouleh, Petersiliensalat.

44. Fatayer ma Spanech, Hefe-
täschen mit Spinat.

45. Fatusch, Salat mit geröstetem Pita.

46. Barassia, Porree mit grünem Pfeffer.

47. Spanech, Syrischer Spinat.

48. Burghul bil Addes ma Salata,

Burghul mit Linsen und Salat.

49. Warak Ainab mehschij, gefüllte Weinblätter.

50. Ajine bil Chamira, Hefeteig

Zitaten Liste

Basmati-Reis duftender, langkörniger weißer Reis aus Persien.

Basturma roher, getrockneter Lammschinken.

Burghul oder Bulgur, vorgekochter, getrockneter, fein oder grob geschroteter Weizen. Gibt es in Orientläden oder im Reformhaus.

Datteln getrocknete und auch frische Früchte werden das ganze Jahr angeboten. Frische Früchte werden gleich nach der Ernte tiefgefroren und vor dem Verkauf wieder aufgetaut.

Falafelgewürz Gewürzmischung aus Kümin, Koriander, Zimt, Piment, Muskatnuß, Chili, Nelken, Pfeffer und Kardamom. Jede Familie hat seine eigene Mischung. Fertigmischungen gibt es im Orient- oder arabischen Laden.

Fūl-Bohnen braune Bohnen, (Saubohnenart) gibt es im Orient- oder arabischen Laden, getrocknet oder gekocht in Dosen. Getrocknete Bohnen 12 Stunden einweichen. Einweichwasser abgießen. Die Kochzeit hängt vom Alter der Bohnen ab. Sie kann zwischen 45 und 120 Minuten betragen oder mit etwas Natron die Kochzeit verkürzen.

Granatapfel	gibt es nur in den Wintermonaten. Zum Entkernen die Schale mit einem Messer einstechen und auseinander ziehen. Die Kerne locker zwischen den Häutern herauslösen.
Granatapfelsirup	gibt es im Orientladen, er ist säuerlich. Grenadinesirup aus Delikatessläden ist süßer und wird für Cocktails verwendet.
Harissa	Gewürzpaste u.A. aus Pfefferschoten, Kümin und Knoblauch. Wird in Tuben und Dosen angeboten. Gibt es in Orient- oder Delikatessläden.
Joghurt	Natur- oder Bulgara-Joghurt verwenden.
Kichererbsen	getrocknete gelb-beige Erbsen, 12 Stunden einweichen. Das Einweichwasser abgießen. Die Kochzeit hängt vom Alter der

Erbsen ab und kann 45 bis 120 Minuten betragen. Zwischendurch probieren oder den Kochvorgang mit der Zugabe von wenig Natron verkürzen. Getrocknete und gekochte Kichererbsen in Dosen gibt es in Orientläden, Lebensmittelgeschäften oder im Reformhaus.

Koriander — frisches Kraut sieht ähnlich aus wie glatte Petersilie, hat aber einen sehr speziellen Geschmack. Man bekommt es in guten Gemüseläden, in Töpfen oder als Bund in Orientläden oder Asien-Shops. Die runden Früchte werden getrocknet und ganz oder gemahlen in Gewürzregalen angeboten.

Kümin — Kreuzkümmel, ganz oder gemahlen, gibt es in Orient- oder Delikatessläden.

Minze — gibt es frisch in Gemüseläden. Getrocknete Minze gibt es in Naturkost- oder Orientläden.

Olivenöl — für Salate und zum Überträufeln

nur erstklassiges kalt gepreßtes Olivenöl verwenden.

Orangenblütenwasser von bitteren gibt es in Orient- und Naturkostläden und in der Apotheke.

Orientläden sind Läden, die Zutaten verkaufen aus den nordafrikanischen Staaten und aus dem vorderen und mittleren Osten, dem Kerngebiet des Islam.

Pita, Pitabrot Flachs, Hefe-Fladenbrot.

Pinienkerne gibt es in jedem Delikatessladen. Zum Rösten in einer trockene Pfanne geben und unter ständigem Rühren leicht bräunen.

Pistazienkerne gibt es geschält und ungesalzen in jedem Delikatessladen.

Rosenwasser gibt es in Orient- und Naturkostläden und in der Apotheke.

Safran stark gelb färbende Blütennarben einer Krokusart. Gibt es auch pulverisiert, in Kapseln oder Tütchen in Delikatessläden oder in Apotheken. Ist sehr teuer.

Negenkerne schwarzer Kümmel oder schwarzer Sesam, gibt es in türkischen Lebensmittelgeschäften unter dem Namen Çörekotou.

Sumak ein braunrötliches, leicht säuerliches Gewürz aus der gemahlenen Frucht des Essigbrot- oder Gerberbaumes. Es wird in arabischen oder türkischen Lebensmittelläden verkauft.

Tahina oder Tahin, eine Paste aus gemahlenem Sesam. Vor der Verwendung mit dem sich oben absetzendem Öl verrühren.

Weinblätter sind in Salzwasser eingelegt. Man bekommt sie in türkischem Laden. Blätter in Lauwarmes Wasser legen und dort voneinander trennen, dann kalt abspülen.

Ziegenquark gibt es frisch in Reformhäusern und Naturkostläden.

Rezepte

Labneh el Maahz (Ziegenquark)
Zutaten für 6-8 Personen: 200 g Ziegenquark, Salz, frische Minzblätter, Olivenöl zum überträufeln, Segenkerne.
Quark, wenn nötig abtropfen lassen, danach mit wenig Salz verkneten und zu walnußgroßen Kugeln formen. Jede Kugel auf ein Minzblatt legen. Erst Olivenöl überträufeln, dann mit Segenkernen bestreuen.

Bamie ma Tamatem (Okraschoten in Tomaten)
Zutaten für 6-8 Personen: 500 g Okraschoten, 1 mittelgroße Zwiebel, 2-3 Knoblauchzehen, 2-3 EL Olivenöl, ½ Bund Lauchzwiebeln, 250 g geschälte Tomaten (frisch oder Dose), Salz, ½ TL Harissa, 1 kleines Bund Koriander.
Okraschoten putzen, Stiele abschneiden. Zwiebel und Knoblauch kleinschneiden und mit den Okraschoten in Öl hellbraun anbraten. Lauchzwiebeln in Ringe schneiden und mit den Tomaten, Salz und Harissa dazu rühren. Zugedeckt bei niedriger Hitze etwa 20 Minuten köcheln. Abschmecken. Koriander hacken und überstreuen.

Jasar bi bharat (Gewürzte Möhren)
Zutaten für 6-8 Personen: 1/2 kg Möhren, 2 El Olivenöl, 2 getrocknete Chilischoten, 1 Lorbeerblatter, 3 Pimentkörner, 2 ganze Kardamomkapseln, Salz, 1 grüne Paprikaschote, 1 Tl Orangenblütenwasser (von bitteren Orangen).
Möhren schälen und in Scheiben schneiden. Öl im Topf erhitzen. Möhrenscheiben darin unter ständigem Wenden leicht anbraten. Ganze Chilischoten und alle Gewürze zufügen, salzen, zwei bis drei Eßlöffel Wasser zufügen und bei mittlerer Hitze zugedeckt etwa fünf Minuten dünsten. Paprikaschoten entkernen, in lange Streifen schneiden, unter die Möhren heben und weitere fünf Minuten dünsten. Zum Schluß mit Orangenblütenwasser parfümieren.

Djibbnet charouf (Gewürzter Schafkäse)
Zutaten für 6 Personen: 200 g Schafkäse, 1 EL Segenkerne, 1 EL Sesamkerne, Gewürze nach Geschmack: Paprikapulver (edelsüß), Kumin und Koriander (gemahlen), Olivenöl.
Den Käse in Dreiecke schneiden mit Segenkernen, Sesamkernen und Gewürzen bestreuen. Öl dazu servieren.

Safiha ma Lahmeh (Pita mit Lammhack)

Zutaten für etwa 30 Stück: 1 kleine Zwiebel, 2 Tomaten, 1 Bund glatte Petersilie, 400 g Lammhack, 1/2 TL Harissa, schwarzer Pfeffer aus der Mühle, Salz, 500 g Hefeteig (siehe Grundrezept), 60–70 Pinienkerne.

Den Backofen auf 200 Grad vorheizen. Zwiebel, Tomaten und Petersilie sehr fein hacken, mit Lammhack, Harissa, Pfeffer und Salz verkneten. Hefeteig dünn ausrollen, Kreise mit fünf Zentimeter Durchmesser ausstechen. Mit einer Gabel gleichmäßig einstechen und die Mischung darauf verteilen. Jede Pizza mit zwei bis drei Pinienkernen belegen. Etwa 10 bis 12 Minuten backen.

Arris bi Safaran ma Ful Achdar
(Safranreis mit dicken Bohnen)

Zutaten für 8 Personen: 1 mittelgroße Zwiebel, 250 g frische, dicke Bohnenkerne, 1-2 EL Butterschmalz, 1/2 kg Basmati-Reis, 2-3 Kapseln Safran, Salz, 1 Bund Oregano, 250 g Joghurt. Zwiebel fein würfeln. Mit den Bohnen im Butterschmalz dünsten, bis die Zwiebeln glasig sind. Reis und Safran dazu rühren, etwa 800 ml Wasser zugießen. Salzen und zehn Minuten bei mittlerer Hitze zugedeckt kochen.
Zwischendurch umrühren. Dann bei niedrigster Hitze 20 Minuten ausquellen lassen. Das Gericht mit Oreganoblättern und frischem Joghurt anrichten.

Salat Chiar bi Laban (Gurken-Joghurt-Salat)

Zutaten für 6-8 Personen: ½ Knoblauchzehe, 300 g Joghurt, Salz, 1 Blatt getrocknete Minze, 2 kleine Gurken. Dekoration: frische Minze. Knoblauch pressen, mit Joghurt, Salz und zerdrücktem Minzblatt in einer Schüssel verrühren. Gurken waschen und ungeschält in kleine Würfeln schneiden. Mit der Sauce vermischen und im Kühlschrank durchziehen lassen. Mit frischer Minze dekorieren.

Fatayer bidjibben wa Habbac
(Hefeschiffchen mit Käse und Basilikum)
Zutaten für 20 Stück: 300 g Schafkäse
1 kleines Ei, 1 Kapsel Safran,
12 Basilikumblätter, 500 g Hefeteig
(siehe Grundrezept).
Backofen auf 200 Grad vorheizen.
Schafkäse mit Ei, Safran und gehacktem Basilikum verkneten.
Hefeteig ausrollen etwa 20 Kreise ausstechen und diese zu Ovalen auseinander ziehen. Füllung in die Mitte geben. Erst den Teig an den Längsseiten um die Füllung ziehen, dann an den Spitzenden zu Schiffchen zusammendrücken.
Etwa 12 Minuten backen.

Karnabit arabie (Blumenkohl arabisch)
Zutaten für 6-8 Personen: Salz, 1 Kopf Blumenkohl, Pflanzenöl zum Fritieren, Taratoursauce (siehe Rezept), je 1 TL Pinienkerne und Sumak zum Bestreuen.
Reichlich Salzwasser zum Kochen bringen. Blumenkohl in Röschen zerteilen, diese in Salzwasser acht bis zehn Minuten kochen, dann abgießen.
Öl auf 170 bis 180 Grad erhitzen. Blumenkohlröschen in kleinen Mengen goldgelb ausbacken. Anschließend auf Küchenpapier abtropfen und abkühlen lassen. Mit Taratoursauce überziehen und mit Pinienkernen und Sumak bestreuen.

Batata harra (gebratene scharfe Kartoffeln)
Zutaten für 6-8 Personen: 1 kg festkochende große Kartoffeln, 4 Knoblauchzehen, 1 mittelgroße Zwiebel, 100 ml Olivenöl, Salz, 2 TL Harissa, 2 TL Kümin gemahlen, 1 kleines Bund Koriander, gehackt.
Dekoration: geraspelter Rotkohl oder Radieschen. Kartoffeln schälen und in kleine Würfel schneiden. Knoblauch und Zwiebeln fein hacken. Öl in einer breiten Pfanne erhitzen. Kartoffelwürfel salzen und in dem Öl bei starker Hitze braten, bis sie etwas gebräunt sind. Bei niedriger Hitze unter ständigem Wenden, damit nichts anbrennt, weiter braten, bis die Kartoffeln gar und knusprig sind. Kartoffelwürfel mit einer Schaumkelle heraus heben und warm stellen. Zwiebeln und Knoblauch im verbliebenen Fett leicht bräunen. Harissa, Kümin und Koriander kurz miterhitzen. Kartoffeln wieder in die Pfanne geben und in der Gewürzmischung wenden.
Geraspeltes Gemüse überstreuen.

7 Hümüs (Kichererbsenpüree)

Zutaten für 6-8 Personen: 400 g getrocknete Kichererbsen, 2-3 Knoblauchzehen, 200 g Tahina, 3 Zitronen, gepreßt, 1-2 TL Salz. Dekoration: Petersilienblätter, Öl zum Beträufeln.

Kichererbsen mit reichlich kaltem Wasser bedeckt 12 Stunden einweichen. Einweichwasser abgießen. Erbsen mit frischem Wasser bedeckt kochen, bis sie weich sind. Kochwasser abgießen. Gekochte Erbsen mit Knoblauch, Tahina und Zitronensaft im Mixer fein pürieren, dabei etwa ein viertel Liter Wasser zugießen. Mit Salz abschmecken. Püree mit Petersilienblättern auf einer Platte anrichten und mit Öl beträufeln.

Saltat Salleq ma Sabib (Salat aus Mangoldstielen und Rosinen).

Zutaten für 4 Personen: 1/2 Bund frische Minze, 75 g Rosinen, Salz, Stiele von etwa drei Mangoldstauden, 3 unbehandelte Zitronen, 50 ml Olivenöl, 1/2 Bund glatte Petersilie. Minze in einer Tasse Wasser eine Minute kochen. Den Topf vom Herd ziehen, Rosinen zugeben und eine Stunde quellen lassen. Zwei Liter Salzwasser zum Kochen bringen. Blattreste von den Mangoldstielen entfernen. Blätter für das Rezept „Gefüllte Mangoldblätter" verwenden. Stiele in fünf Millimeter dicke Streifen schneiden, zwei Zitronen waschen und vierteln. Beides ins Wasser geben und 12 Minuten kochen. Anschliessend mit einer Schaumkelle herausheben und in einer Schüssel abkühlen lassen. Abgetropfte Rosinen ohne Minze zufügen. Den Saft einer Zitrone und Olivenöl dazu mischen. Nachwürzen. Petersilie fein hacken und überstreuen.

Nakanik (Lammwürstchen)

Zutaten für 8 Personen: 150 cm Naturdarm (vom Schlachter), Salz, 500 kg Lammhack, 2 EL Weinessig, 25 g Pinienkerne, 1 TL Falafel-Gewürzmischung, 1 TL Harissa, Olivenöl zum Braten, Dekoration: Taratour und Harissa.

Darm in kaltem Salzwasser wässern. Hack, Essig, Pinienkerne, Gewürzmischung und Harissa mit einem Teelöffel Salz verkneten. Einen Trichterförmigen Wursaufsatz vor den Fleischwolf setzen, den sauberen Darm darüber schieben. Die Farce langsam, gleichmäßig und locker, ohne Luftzwischenraum durch den eingeschalteten Fleischwolf in den Darm treiben. Am Ende und dann alle zehn Zentimeter verknoten. Den Strang zwei bis drei Stunden hängend trocknen, damit der Fleischsaft abtropfen kann. Würstchen bei den Knoten abschneiden und in einer Pfanne in Olivenöl langsam braten. Mit Taratour und Harissa anrichten.

Arris bi Safaran ma Sabib
(Safran-Reis mit Rosinen).
Zutaten für 6-8 Personen: 1-2 EL Butterschmalz, 250 g Basmati-Reis, 1 Kapsel Safranpulver, 1 Tütchen Safranfäden, Salz, 1/2 l Gemüsebrühe, 40 g Rosinen, 50 g abgezogene Mandeln, 25 g Pinienkerne.
Butterschmalz erhitzen, Reis darin glasig dünsten. Safran und Salz mit Gemüsebrühe zufügen, aufkochen und zugedeckt bei niedriger Hitze 20 Minuten quellen lassen. Rosinen nach zehn Minuten dazu rühren. Mandeln und Pinienkerne nacheinander unter ständigem Rühren in einer trockenen Pfanne rösten und zum Schluß über den Reis streuen.
Kalt oder warm anrichten.

Baba Ghannouj (Aubergineпpüree ohne Thahina)
Zutaten für 6-8 Personen: 3 mittelgroße Auberginen, 1 Knoblauchzehe, 1 Zitrone, gepreßt, Salz, ½ Granatapfel, die Kerne, 8 Blätter Basilikum, Olivenöl, zum beträufeln. Dekoration: geröstete Pinienkerne.
Den Backofen auf 250 Grad vorheizen. Auberginen mit einer Gabel rundum einstechen, bis sie weich sind.
Abkühlen lassen. Auberginen der Länge nach durchschneiden, das Fruchtfleisch auslösen, Mit zerdrücktem Knoblauch, Zitronensaft und Salz nicht zu fein pürieren. Granatapfelkerne und gehacktes Basilikum unterheben.
Püree auf Tellern anrichten, mit Öl beträufeln und mit geröstetem Pinienkernen dekorieren.

Kussa ma Djirdjer (Zucchini mit Raukedip)
Zutaten für 4 Personen: 3 Bund Rauke, 3 EL Sahnequark, 3 EL Kräuteressig, Salz, 3 mittelgroße Zucchini, Olivenöl zum Braten. Dekoration: geröstete Mandeln.
Rauke mit Quark und Essig im Mixer fein pürieren und mit Salz abschmecken. Zucchini in Scheiben schneiden, in Olivenöl braten. Salzen. Gemüse mit der Sauce anrichten und mit Mandeln bestreuen.

Zaatar (Gewürzmischung mit Sesam)
Zutaten für 8 Personen: 1 EL Sesam, 2 EL Thymian, getrocknet, 4 EL Oregano, getrocknet, 2 EL Sumak, 1 TL Salz, Olivenöl.
Sesam in einer trockenen Pfanne ohne Fett unter ständigem Rühren hellbraun rösten. Kräuter im Mörser fein zertrampfen, durch ein Sieb schütteln, danach mit Sesam und Salz mischen. Pro Person etwa einen Eßlöffel Zaatar mit einem Teelöffel Olivenöl auf einem Teller anrichten. Öl und Zaatar werden mit Fladenbrot vom Teller aufgenommen.

Salek bi Lubije (Schwarzaugenbohnen mit Mangold und Koriander)

Zutaten für 4–6 Personen: Blätter von etwa 2 Mangoldstauden, Salz, 2 kleine Zwiebeln, 3–4 EL Olivenöl, 100 g gekochte Schwarzaugenbohnen, 1 EL gemahlenen Koriander, 3 Lauchzwiebeln.

Dekoration: Zitronenscheiben.

Mangoldblätter in Streifen schneiden und in Salzwasser vier bis fünf Minuten kochen. Danach in Eiswasser abschrecken. Abtropfen lassen, restliche Flüssigkeit auspressen. Zwiebeln hacken und in Öl glasig dünsten. Bohnen dazurühren, Gewürze zufügen und einmal aufkochen. Lauchzwiebeln fein schneiden, kurz aufkochen, dann die Mangoldstreifen unterheben. Die Pfanne vom Herd ziehen, abschmecken und abkühlen lassen. Mit Zitronenscheiben dekorieren.

Lubije bil Banadura (Schneidebohnen)

Zutaten für 8 Personen: 1/2 kg Schneidebohnen
1/2 kg Fleischtomaten, 1 mittelgroße
Zwiebel, 3 Knoblauchzehen, 3-4 EL Olivenöl
1/2 TL Harissa, 1 Lorbeerblatt, Salz.

Bohnen putzen, dann in 8 Zentimeter
lange Stücke schneiden. Tomaten grob
würfeln. Zwiebel und Knoblauch
in feine Scheiben schneiden. Beides
in einem Topf in heißem Öl glasig
dünsten. Bohnen zufügen und
anbraten. Tomatenwürfel, Harissa
und Lorbeer zugeben, mit Salz würzen.
Das Gemüse zum Kochen bringen,
umrühren und bei niedriger Hitze
zugedeckt 30 bis 40 Minuten köcheln.

Djirdjer (Raukesalat)
Zutaten für 8 Personen: 3 Bund Raukesalat, 1/2 Zitrone, ausgepreßt, 3 EL Olivenöl, 1 Teelöffelspitze Sumak, 1 Teelöffelspitze Siegenkerne, Salz, 100 g Schafkäse, 100 g Kirschtomaten, 1 Zweig Basilikum.
Salat putzen, harte Stiele entfernen. Zitronensaft und Olivenöl mit Sumak, Siegenkernen und Salz verrühren.
Schafkäse in Würfel schneiden, Tomaten vierteln, Basilikumblätter fein zupfen. Alles mit den Raukeblättern in der Sauce mischen.

M'Hammara (Paprikapaste mit Walnuß)
Zutaten für 6-8 Personen: 250 g Zwieback, 100 g Walnußkerne, 1 ½ El Tahina, 1 ½ El Granatapfelsirup, 50 g Paprikapulver (edelsüß), 75 ml Olivenöl und zum Beträufeln ½ Tl Salz, 1 Tl Kumin, gemahlen, 1 ½ Tl Harissa.
Dekoration: Walnußhälften und Möhrenscheiben.
Zwiback im Blitzhacker zerbröseln. 50 g Walnüße grob, den Rest fein hacken. Alles mit den restlichen Zutaten gut mischen, dann etwa 600 ml Wasser langsam dazu mengen, bis eine Paste entsteht.
M'Hammara auf einer Platte anrichten, mit Olivenöl beträufeln und mit Möhrenscheiben und Walnüssen dekorieren.

Mehschi Salleq (Gefüllte Mangoldblätter)
Zutaten für 8 Personen: Blätter von etwa Mangoldstauden, Salz, 1 kleines Bund glatte Petersilie, 1 Lauchzwiebel, 150 g Basmati-Reis, 50 g Kichererbsen (gekocht, abgetropft), 3-4 Zitronen, ausgepreßt, 50 ml Olivenöl, schwarzer Pfeffer aus der Mühle, 3-4 Blätter getrocknete Minze, 200 g Kartoffeln, festkochend, 2 Fleischtomaten, 1 Paprikaschote. Dekoration: Zitronenscheiben und frische Minze.
Harte Stiele aus den Mangoldblättern entfernen und für das Rezept. Salat von Mangoldstielen verwenden.
Blätter in Salzwasser vier bis fünf Minuten kochen, danach in kaltem Wasser abschrecken, trockentupfen und verarbeiten wie die gefüllten Weinblätter.

Krass ma Atton (Sellerie mit schwarzen Oliven)

Zutaten für 4-6 Personen: 1 mittelgroße Knolle Sellerie, 50 g entkernte Oliven, 5 EL Olivenöl, Salz, Pfeffer aus der Mühle. Dekoration: Granatapfelkerne.

Sellerie schälen und in feinen Stifte schneiden oder hobeln. Oliven im Blitzhacker grob hacken, nicht pürieren. Selleriestifte in heißem Öl unter ständigem Rühren braten, mit Salz und Pfeffer würzen. Drei bis vier Eßlöffel Wasser zugießen und fest verschlossen bei mittlerer Hitze etwa sechs Minuten köcheln. Topf zwischendurch schütteln. Gehackte Oliven untermischen. Alles im Sieb abtropfen lassen. Kalt mit Granatapfelkernen bestreut servieren.

Falafel (Kichererbsenbällchen)
Zutaten für 6-8 Personen: 600g Kichererbsen, 1 kleines Bund Petersilie, 1 kleines Bund Koriander, 1 kleine Zwiebel, 3 Knoblauchzehen, je 1/2 gestrichener TL Piment, Koriander, Zimt, Kümin und Natron, 1 TL Salz, 1 EL Sesamkörner, Pflanzenöl zum Fritieren. Taratoursauce (siehe Rezept). Kichererbsen 12 Stunden mit kaltem Wasser reichlich bedeckt einweichen. Erbsen abgießen und mit den restlichen Zutaten, außer den Sesamkörnern und der Tahina durch einen Fleischwolf drehen oder im Blitzhacker zerkleinern. Vier Eßlöffel Wasser unterkneten. Mit einem Eßlöffel Portionen abstechen, rund formen, in Sesam wälzen und in heißem Öl bei 180 Grad hellbraun fritieren. Auf Küchenpapier abtropfen lassen. Etwas Taratoursauce auf einem Teller geben, Falafel darauf anrichten.

Saltat al Schondar (Rote Bete Salat)

Zutaten für 8 Personen: 750 g rote Bete, Salz, 4 Schalotten, 50 g Weißkohl, 1 TL gezupfte Thymianblättchen, 3 EL Weinessig, 6 EL Olivenöl.

Rote Bete etwa 45 Minuten in Salzwasser kochen, abkühlen lassen, schälen und in kleine Würfel schneiden. Schalotten in feine Streifen schneiden, Kohl fein hobeln und mit Thymian, Essig, Öl und Salz zur roten Bete mischen. Eine Stunde durchziehen lassen.

Basendjan ma Djibben (Auberginen mit Schafkäse)
Zutaten für 6-8 Personen: 3 große Auberginen, Salz, Pflanzenöl zum Fritieren, 100 g glatte Petersilienblätter, 200 g Schafkäse, 1 EL Harissa, 1 EL Tomatenmark, 1/2 Zitrone, der Saft, 1 EL Olivenöl.
Auberginen in ein Zentimeter breite Streifen schneiden und für 30 Minuten in Salzwasser legen, abgießen und trocken tupfen. In Öl bei 180 Grad hellbraun ausbacken, auf Küchenpapier abtropfen und abkühlen lassen, dann auf einer Platte ausbreiten. Petersilie in Streifen schneiden und überstreuen. Schafkäse in ein Zentimeter große Würfel schneiden und in die Mitte der Auberginen häufen. Restliche Zutaten mit wenig Salz für die Sauce verrühren und nur über den Käse gießen.

Burghul bil Bandora (Burghul in Tomaten)
Zutaten für 6-8 Personen: 1 mittelgroße Zwiebel, 1-2 EL Olivenöl, 200 g Burghul, 250 g geschälte Tomaten, (frische oder Dose), 150 ml Gemüsebrühe, 50 g Kichererbsen, gekocht und abgetropft, 1 TL Kümin, Salz, 250 g Joghurt.
Zwiebel grob würfeln und in Öl goldbraun braten. Burghul, Tomaten, Brühe, Kichererbsen und Gewürze dazu rühren. Alles zugedeckt aufkochen, dann bei niedriger Hitze 20 Minuten köcheln. Zwischendurch umrühren. Abschmecken. Warm oder kalt mit Joghurt anrichten.

Saltat Fasolia beidda (Salat aus großen weißen Bohnen)

Zutaten für 6-8 Personen: 250 g große weiße Bohnen, Salz, 1 kleine Paprikaschote, 1 Tomate, 2 dünne Lauchzwiebeln, 1 kleines Bund glatte Petersilie, 1 Zitrone, ausgepreßt, 3-4 EL Olivenöl, schwarzer Pfeffer aus der Mühle.

Bohnen 12 Stunden mit reichlich kaltem Wasser bedeckt einweichen, abgießen und in frischem Wasser 45 bis 90 Minuten weichkochen. Zum Schluß salzen. Bohnen abkühlen lassen, dann abgießen. Paprika entkernen und mit der Tomate würfeln. Lauchzwiebeln in hauchdünne Ringe schneiden, Petersilie hacken. Alles zu den Bohnen geben. Zitronensaft, Öl, Salz und Pfeffer verrühren unter Salat mischen und durchziehen lassen.

Bastürma ma Tamerr (Bastürma mit gefüllten Datteln)

Zutaten für 6-8 Personen: 20 kleine Scheiben Bastürma (roher, getrockneter Lammschinken), hauchdünn geschnitten, 20 frische Datteln, 50 g Walnußkerne.

Den Backofen auf 180 Grad vorheizen. Datteln der Länge nach auf- aber nicht durchschneiden, auseinanderklappen und entkernen. Walnußkerne einfüllen und jede Dattel auf eine Scheibe Bastürma legen, einrollen, mit einem Zahnstocher befestigen. Datteln drei Minuten im Ofen backen und sofort servieren.

Lubije bel Seyt (Grüne Bohnen mit Olivenöl)
Zutaten für 4-6 Personen:
Salz, 1/2 kg grüne Bohnen, 1 mittelgroße Zwiebel, 3 Knoblauchzehen, 1 kleines Bund Koriander, etwa 3 EL Olivenöl, schwarzer Pfeffer aus der Mühle.
Reichlich gut gesalzenes Wasser zum Kochen bringen. Bohnen putzen und in sieben Zentimeter lange Stücke schneiden. Zwiebeln und Knoblauch in dünne Scheiben schneiden. Koriander hacken.
Bohnen etwa fünf bis sieben Minuten im Salzwasser kochen, anschließend in Eiswasser abschrecken, abtropfen lassen. Zwiebeln und Knoblauch in Öl hellbraun anbraten. Bohnen dazu mischen, Koriander unterheben, alles mit Salz und Pfeffer würzen und warm servieren.

Humus bel Lahme (Kichererbsenpüree mit Hack)

Zutaten für 6-8 Personen: 40-50 g Pinienkerne, 3-4 EL Olivenöl und Öl zum Beträufeln, 500 g Lammhack, Salz, schwarzer Pfeffer aus der Mühle, je 1 Prise Zimt, Piment und Nelken, gemahlen, 8-12 EL Kichererbsenpüree (siehe Rezept).

Pinienkerne in einer Pfanne ohne Fett rösten und abkühlen lassen. Eine große Eisenpfanne stark erhitzen. Dann Öl und Hack auf einmal dazu geben. Das Hack zerdrücken und braten bis die rote Farbe verschwunden ist. Danach salzen und mit den Gewürzen mischen. Pro Person ein bis zwei Eßlöffel Kichererbsenpüree auf jeden Teller geben, darauf das Hack anrichten und mit Pinienkernen bestreuen und mit wenig Öl beträufeln.

(Safieha ma Sesam; Chibbis bi Flefle)
(Pita mit Sesam und Paprikamark)
Zutaten für etwa 30 Stück: 1/2 mittelgroße Zwiebel, 300 g Sesam, 1 EL Tomatenmark, 1 TL Harissa, 3 EL Olivenöl, Salz, 500 g Hefeteig (siehe Grundrezept).
Den Backofen auf 200 Grad vorheizen. Zwiebelhälfte sehr fein hacken und mit den restlichen Zutaten mischen. Hefeteig dünn ausrollen, Kreise mit fünf Zentimeter Durchmesser ausstechen. Mit einer Gabel gleichmäßig einstechen und die Sesammischung darauf verteilen. Sieben bis zehn Minuten backen.

Ful ma Nanah (Fulbohnen mit Minze)
Zutaten für 4 Personen: 500 g Ful-Bohnen, 1 Msp. Natron, 2 Knoblauchzehen, Salz, 3 Zitronen, ausgepreßt, 1 Blatt getrocknete Minze, frische Minzblätter, Olivenöl zum Begießen.
Bohnen mit reichlich kaltem Wasser bedeckt 12 Stunden einweichen, abgießen, mit frischem Wasser bedeckt etwa 90 Minuten kochen, Natron zufügen und weiter kochen, bis die Bohnen weich sind. Kochwasser abgießen.
Knoblauch zerdrücken und mit Salz und Zitronensaft in einer Schüssel mischen. Minze zerdrücken und zugeben.
Die Sauce mit den Bohnen mischen und durchziehen lassen.
Ful mit Minzblättern warm oder kalt anrichten und mit Öl begießen.

Taratoursauce (Sesambuttersauce)
Zutaten für 4-6 Personen: 100g Tahina, 1-2 Zitronen, gepresst 75 g Joghurt, Salz. Alle Zutaten verrühren, eventuell wenig Wasser zufügen. Abschmecken. Beilage zu den Rezepten Falafel und Blumenkohl auf arabisch. Dip für Chips und Gemüse.

Kibbeh mehschijeh (Gefüllte Burghul-Fleischbällchen)
Zutaten für 8 Personen: 500 g Burghul fein geschrotet, 300 g Lammfleisch, ½ kg Zwiebel, 1 Chilischote, 1 kleines Bund Basilikum, Salz, Butterschmalz zum Dünsten, 1-2 Lorbeerblätter, 1 Prise Kardamom, 1 kg Lammhack, 1/2 EL Falafelgewürz, Kerne von 1-2 Granatäpfeln, 150 g Pinienkerne, geröstet, 150 g Pistazienkerne, grob gehackt, Öl zum Fritieren.
Dekoration: Pinien- und Granatapfelkerne.
Burghul mit kaltem Wasser knapp bedecken, quellen lassen, bis das Wasser aufgesogen ist. Mit dem Lammfleisch zweimal durch die feine Scheibe des Fleischwolfes drehen. Eine Zwiebel, Chilischote und Basilikum hacken, mit Salz zufügen. Alles verkneten, den Teig erneut durch den Fleischwolf drehen. Abschmecken. Für die Füllung restliche Zwiebeln sehr fein würfeln und in Butterschmalz, mit Lorbeer und Kardamom gewürzt, glasig dünsten. Lorbeer entfernen. Zwiebeln mit Lammhack, Falafelgewürz, Granatapfel-, Pinien- und Pistazienkernen vermengen.

Mit nassen Händen aus der Burghul-Lammfleischmasse kastaniengroße Kugeln drehen, diese mit dem Finger eindrücken, mit der Füllung füllen. Kibbeh gut schließen und in heißem Öl bei etwa 170 Grad drei bis vier Minuten fritieren. Aufgeschnitten mit Pinien- und Granatapfelkernen servieren.

Saltat al Zaitun (Olivensalat)

Zutaten für (6-8 Personen: etwa 5 EL Olivenöl, 2 Zitronen, ausgepreßt, 1 Bund Thymian, gezupft, 2 Knoblauchzehen, 200 g Kirschtomaten, 500 g entkernte grüne Oliven, 100 g entkernte schwarze Oliven.

Öl mit Zitronensaft, Thymianblättchen und feingehacktem Knoblauch verrühren. Kirschtomaten und grüne Oliven halbieren und mit den ganzen schwarzen Oliven zufügen. Salat mischen, durchziehen lassen und nicht mehr salzen.

Batata Mathoune (Kartoffelpaste)

Zutaten für 8 Personen: 1 kg weichkochende Kartoffeln, Salz, 2 Zitronen, ausgepreßt, 1 TL Kümin, gemahlen, 4-5 EL Olivenöl und zum Beträufeln, ½ Bund Radieschen, 50 g Rotkohl, ½ rote Paprikaschote, 1 Zweig Thymian, gezupft.

Kartoffeln schälen, in Salzwasser weichkochen, abgießen und noch heiß zerdrücken. Zitronensaft, Kümin, Salz und drei Eßlöffel Öl unterheben und abschmecken. Radieschen, Rotkohl und Paprika sehr fein raspeln, mit Thymianblättchen, Salz und restlichem Öl mischen. Als Bett auf eine Platte streuen und darauf die Kartoffelpaste anrichten. Mit Öl beträufeln.

Moussakaha (Aubergienenragout)

Zutaten für 4-6 Personen: 200 g Zwiebeln, 3 Knoblauchzehen, 200 g Paprika, rot, grün, gelb, 2 Chilischoten, 4 EL Olivenöl, 300 g geschälte Tomaten (frisch oder Dose), Salz, 100 g gekochte Kichererbsen, abgetropft, 1 groß. Aubergine, Pflanzenöl zum Fritieren. Zwiebeln und Knoblauch hacken. Paprika und Chilischoten entkernen und in Streifen schneiden. Zwiebeln und Knoblauch in Öl glasig dünsten. Erst Paprikastreifen vier bis fünf Minuten mitdünsten, dann Tomaten Chilie und Salz zufügen. 15 Minuten kochen. Kichererbsen dazuführen und weitere 15 Minuten kochen. Aubergine in fingerdicke Streifen schneiden, in Pflanzenöl bei 180 Grad fritieren und auf Küchenpapier abtropfen lassen, dann auf dem Gemüse anrichten.

Moutabal (Auberginenpüree mit Tahina)
Zutaten für 6-8 Personen: 3 mittelgroße Auberginen, 1 Knoblauchzehe, 2 Zitronen, gepreßt, Salz, 3 EL Tahina, Olivenöl zum Beträufeln. Dekoration: Kümin und Radieschenscheiben.
Den Backofen auf 250 Grad vorheizen. Auberginen mit einer Gabel rundum einstechen und etwa 20 Minuten backen, bis sie weich sind. Abkühlen lassen. Auberginen der Länge nach durchschneiden, das Fruchtfleisch auslösen. Knoblauch pressen. Alles mit Zitronensaft, Salz und Tahina pürieren. Püree auf Tellern anrichten, mit Öl beträufeln und mit einer Prise Kümin und einigen Radieschenscheiben dekorieren.

Saltat Batata Scharkije (Orientalischer Kartoffelsalat)

Zutaten für 6-8 Personen: 1 kg kleine festkochende Kartoffeln, 4 mittelgroße Tomaten, 4 dünne Lauchzwiebeln, 1/2 Bund glatte Petersilie, 3-4 Blätter getrocknete Minze, 3 Zitronen gepreßt, Salz, schwarzer Pfeffer aus der Mühle, 8 EL Olivenöl.

Kartoffeln sorgfältig waschen, weichkochen und mit Schale durchschneiden. Tomaten in Würfel schneiden, Lauchzwiebeln fein hacken. Petersilienblätter zupfen und hacken. Minze zerdrücken. Zitronensaft, Salz, Pfeffer und Öl verrühren, dazu mischen und eine Stunde durchziehen lassen.

Flefle bi bharat (Gewürzter Paprika)
Zutaten für 6-8 Personen:
5 Paprikaschoten (rot, gelb, grün),
3 EL Olivenöl, Salz, je ½ TL
Kümin und Koriander, 5 Nelken,
2 getrocknete Chilischoten.
Paprikaschoten vierteln und entkernen.
Öl in einem Topf erhitzen, Paprikaviertel
unter ständigem Rühren anbraten.
Salz, alle Gewürze und drei bis vier
Eßlöffel Wasser zufügen. Bei mittlerer
Hitze fest verschlossen etwa acht
Minuten dünsten. Den Topf
zwischendurch rütteln, damit nicht anbrennt.

Schumra-Tamatem (Fenchel-Tomaten)

Zutaten für 4 Personen:

2 Fenchelknollen, 3 EL Olivenöl, 2 Fleischtomaten, Salz, 1 EL Anis, Arrak nach Geschmack. Fenchel putzen und in dünne Streifen schneiden.

Öl erhitzen, Fenchelstreifen unter häufigem Wenden drei Minuten braten, zwei bis drei Eßlöffel Wasser zugießen und acht Minutten bei mittlerer Hitze im fest verschlossenen Topf köcheln. Den Topf zwischendurch rütteln, damit nichts anbrennt. Tomaten häuten, dann in Würfel schneiden. Unter den Fenchel heben und mit Salz, Anis und nach Geschmack mit Arrak würzen. weitere drei Minuten geschlossen köcheln.

Tabouleh (Petersiliensalat)

Zutaten für 4 Personen: 60 g Burghul, fein geschrotet, 2 große Bunde glatte Petersilie, 1 Bund Lauchzwiebeln, 300 g Tomaten, 3-4 Blätter getrocknete Minze, 4-6 EL Olivenöl, 4-6 EL Zitronensaft, etwa 1 EL Salz. Dekoration: Zitronenscheiben, Römer Salat, Tomatenwürfel.

Burghul zehn Minuten in kaltem Wasser einweichen. Petersilie und Gemüse waschen. von den Lauchzwiebeln nur den weißen und hellgrünen Teil in hauchdünne Ringe schneiden. Petersilie hacken, Tomaten fein würfeln. Eingeweichten Burghul in einem Sieb abtropfen lassen und mit dem vorbereitetem Gemüse in eine Schüssel geben. Minze zerdrücken und mit dem Öl, Zitronensaft und Salz zufügen. Alles locker und gründlich mischen und abschmecken. Mit Zitronenscheiben, Römer Salat und Tomatenwürfeln dekorieren

Fatayer ma Spanech (Hefetäschen mit Spinat)
Zutaten für etwa 20 Stück: 1 kg Spinat (oder Mangoldblätter) 40 g Sumak, Salz, 1 mittelgroße Zwiebel, Granatapfelkerne von einer Frucht, 500 g Hefeteig (siehe Grundrezept). Backofen auf 200 Grad vorheizen. Spinat waschen, grobe Stiele entfernen. Dann mit Sumak und Salz mit der Hand reiben, danach die Flüssigkeit herauspressen. Spinat und Zwiebel fein hacken und mit den Granatapfelkernen mischen. Hefeteig ausrollen und Kreise mit sieben Zentimeter Durchmesser ausstechen. Kreise zu Dreiecken ziehen, Spinat in die Mitte geben, die drei Seiten über die Füllung ziehen und an den Ecken zusammen drücken.
Etwa 12 Minuten backen.

Fatusch (Salat mit geröstetem Pita)
Zutaten für 6-8 Personen: 1 Kopf Römer Salat, 2 Fleischtomaten, 1/2 Salatgurke, 1 kleines Bund glatte Petersilie, 6 Radieschen, 20 Minzblätter, 3 Lauchzwiebeln, 1 Knoblauchzehe, gepreßt, 2 Zitronen, 1 TL Sumak, 1 TL Salz, 5 EL Olivenöl, 2 Pita-Brote.
Salat in Mundgerechte Stücke zupfen. Tomaten und Gurke in kleine Würfel schneiden, Petersilie grob hacken, Radieschen in Scheiben hobeln. Minzblätter und Lauchzwiebeln feinschneiden. Alles in eine große Schüssel geben. Knoblauch pressen, mit Zitronensaft, Sumak und Salz verrühren dann das Öl in dünnem Strahl dazuführen. Sauce unter den Salat mischen. Pita-Brote im Toaster rösten, mit der Hand zerdrücken und über den Salat streuen.

Barassia (Porree mit grünem Pfeffer)

Zutaten für 6-8 Personen:

3 mittelgroße Stangen Porree, 4 EL Olivenöl, 1 TL grüner Pfeffer, Salz.

Wurzelansätze und dunkelgrüne Teile vom Porree abschneiden und entfernen. Den Rest in dünne Ringe schneiden, sorgfältig waschen und abtropfen lassen. Öl in einem Topf erhitzen, erst den grünen Pfeffer hineinrühren, dann den Porree. Etwa eine halbe Tasse Wasser zugießen und salzen. Fest verschlossen etwa fünf Minuten köcheln lassen. Den Topf zwischendurch schütteln.

Spanech (Syrischer Spinat)

Zutaten für 6-8 Personen: 1 kg Blattspinat, Salz, 1 mittelgroße Zwiebel, 2 Knoblauchzehen, 3-4 EL Olivenöl, 1/2 TL Koriander, gemahlen, 1/2 TL Kumin, gemahlen, 1/2 TL Sumak.

Dekoration: 100 g Kichererbsen, gekocht und abgetropft und Zitronenscheiben.

Spinat waschen, grobe Stiele entfernen, und abgetropft in reichlich Salzwasser drei bis vier Minuten kochen. In Eiswasser abschrecken, dann ausdrücken. Zwiebel und Knoblauch in dünne Scheiben schneiden und in Öl goldgelb anbraten. Spinat mit den Gewürzen dazu rühren. Spinat anrichten, mit Kichererbsen überstreuen und mit Zitronenscheiben belegen.

Burghul bil Addes ma Salata (Burghul mit Linsen und Salat).

Zutaten für 6-8 Personen: 100 g braune Linsen, Salz, 1 mittelgroße Zwiebel, 3-4 EL Olivenöl, 150 g Burghul, grob geschrotet, 1 Prise Kümin, gemahlen, 1 Tomate, 1 kleine Gurke, 1 dünne Lauchzwiebel, 1-2 Blätter getrocknete Minze, 1/2 Zitrone, gepreßt, schwarzer Pfeffer aus der Mühle.

Dekoration: glatte Petersilie.

Linsen in 750 ml kaltes Wasser geben und 15 Minuten kochen, dann salzen. Zwiebel fein würfeln, in ein bis zwei Eßlöffel Öl goldbraun anbraten. Burghul mit Kümin dazu rühren und alles zu den Linsen geben. Zugedeckt bei niedriger Hitze etwa 20 Minuten kochen. Tomaten und Gurken in kleine Würfel und die Lauchzwiebel in dünne Ringe schneiden. Minze zerdrücken. Zitronensaft mit Salz, Pfeffer und zwei Eßlöffel Öl verrühren. Alles miteinander mischen. Salat zum Burghul mit Linsen anrichten, mit Petersilie dekorieren.

Warak Ainab mehschij (Gefüllte Weinblätter)
Zutaten für 8 Personen: 250 g eingelegte Weinblätter, 1 kleines Bund glatte Petersilie, 1 Lauchzwiebeln, 150 g Basmati-Reis, 50 g Kichererbsen (gekocht, abgetropft), 3-4 Zitronen, ausgepreßt, 50 ml Olivenöl, Salz, schwarzer Pfeffer aus der Mühle, 3-4 Blätter getrocknete Minze, 200 g Kartoffeln, festkochend, 1 kleine Paprikaschote, 2 Fleischtomaten. Dekoration: Zitronenscheiben und frische Minze.
Weinblätter erst mit warmem Wasser abspülen, dann bis zum Gebrauch in kaltes Wasser legen. Petersilie hacken, Lauchzwiebeln in feine Ringe schneiden, beides mit dem Reis, Kichererbsen, der Hälfte des Zitronensaftes und Olivenöls in einer Schüssel mischen. Mit Salz, Pfeffer und zerdrückter Minze würzen. Kartoffeln schälen, Paprikaschoten entkernen alles mit den Tomaten in Scheiben schneiden. Gemüse schichtweise auf den Boden eines breiten Topfes legen. Zum Schluß mit einer Schicht Weinblättern abdecken.

Restliche Blätter auf der Arbeitsfläche ausbreiten. Auf jedes Blatt etwa einen Teelöffel Reisfüllung geben und wie ein Päckchen einwickeln und rollen. Dicht nebeneinander auf das Gemüse legen. Alles mit einem Teller abdecken und mit einer kleinen, mit Wasser gefüllten, Schüssel beschweren. Restliches Öl mit Zitronensaft und wasser mischen, übergießen. Mit Wasser auffüllen, bis es fünf Zentimeter über dem Teller steht. Den Topf schließen. Bei starker Hitze ankochen, danach bei niedriger Hitze etwa 90 Minuten garen. Warm oder kalt servieren, mit Zitronenscheiben und Minze dekorieren.

Ajine bil Chamira (Hefeteig).

Zutaten für 30-40 Mini-Pizzas oder Teigtaschen: 20 g Hefe, 1 Prise Zucker, 500 g Mehl und Mehr zum Bestäuben, 1/2 TL Salz, 1 kleines Ei, 1/2 EL Olivenöl.

Hefe in etwa 125-150 ml lauwarmem Wasser verrühren und mit den restlichen Zutaten verkneten. Den Teig 30 Minuten ruhen lassen dann noch einmal verkneten.

Eine Kugel formen, mit Mehl bestäuben, mit einem feuchten Tuch bedecken und 2 Stunden ruhen lassen.

Zu kleinen Sfiha (Mini-Pizzas) und Fatayer (Teigtaschen) verarbeiten.

جبنة الماعز (اللبنة)

مقادير لـ ٢ - ٣ أشخاص: ٢٥٠ غ من جبنة الماعز أو لبنة بالملح، نعناع أخضر، زيت زيتون، رشة حبة البركة. والطريقة: تعجن كمية الجبنة أو اللبنة بعد تصفيتها من الماء الفائض وتخلط مع الملح حسب الحاجة وتشكل منها كرات بحجم الجوزة، توضع كل كرة في ورقة نعناع، يرش فوقها الزيت وكذلك حبة البركة.

1/ra

بامية مع الطماطم

مواد لـ ٢-٣ أشخاص: ٥٠٠غ بامية خضراء مجمدة، ١ بصلة متوسطة الحجم، ٢-٣ فصوص ثوم، ٢-٣ ملاعق طعام من زيت الزيتون، ½ باقة بصل أخضر، ٥٠٠غ طماطم مقشرة (طازجة أو معلبة)، ملح، ½ ملعقة شاي من الهريسة، باقة صغيرة كزبرة خضراء.

الطريقة: تنظف البامية وتنزع أعناقها. يقطع البصل والثوم ناعماً ويقلى في الزيت مع البامية حتى تتلون. يقطع البصل الأخضر إلى حلقات ويوضع في قدر مع الملح والهريسة والطماطم ويغلى على النار مدة ٣٠ دقيقة والقدر مغلق. قبل نهاية الطهي تفرم الكزبرة الخضراء وترش فوق الطبق.

2/٤٨

جزر وابصال رق

مقادير ١ . ٦٠٠ غ من الجزر ٢ .
ملعقتان من زيت الزيتون . ٢ قرنان من
الفلفل الحار . ١ رشة ملح . ٤ بصلات
بهار . ٢ حبتا طماطم . ملح . ابزير
من الفلفلة الحمراء . ٥ ملعقة شاي
من ماء الزهر . الطريقة : يغسل
الجزر ويقشر ثم يقطع مستطيلات ثم
يحمى الزيت في إناء يحمر الجزر مع التقليب
المستمر . يضاف البصل والحار ثم
كلها مع بقية التوابل ثم يضاف إليه
ملعقتان أو ثلاثة من الماء ويطبخ على نار
هادئة مدة خمس دقائق .
تزال من على النار . ثم تقطع
حبتا الطماطم . تضاف على
الجزر والبصل ويطبخ لمدة ٥ دقائق
وتقدم في آنية يعطر بماء الزهر .

٣/٤٧

جبنة الخروف

مقادير ٤ - ٦ أشخاص: ٢٠٠ غ جبنة خروف
١ ملعقة طعام من حبة البركة. ١ ملعقة ٣٠ غ
من السمسم. مسحوق الفليفلة (الحلوة)، كمون
و كزبرة مطحونة. زيت زيتون. الطريقة: تقطع
الجبنة في شكل مثلثات. يرش
مزيج السمسم و حبة البركة و البهارات ما
يضاف إليها الزيت و تقدم

4/27

صفيحة باللحم

مقادير ٢٠ صفيحة تقريباً: ٥ بصلة صغيرة، ٥ حبات
طماطم، ٥ باقة صغيرة بقدونس أملس، ١/٢ ملعقة
شاي من الهريسة، بهار أسود وفلفل، من
والكامونة، ملح، ٣٠٠غ من العجين (أنظر الطريقة)
٤٠٠غ من لحم الخروف المفروم، ٦٠ - ٨٠ حبة صنوبر.
الطريقة: يحمى الفرن بدرجة ٢٠٠ مئوية مسبقاً.
يقطع البصل والطماطم والبقدونس ناعماً
جداً ويخلط مع اللحم المفروم والهريسة والفلفل
والملح ويعجن. تمد العجينة رقيقة وتقطع
إلى دوائر بقطر ٥ سم تقريباً، تثقب بواسطة
شوكة بشكل متناسق وتوضع فوقها الخلطة
بالتساوي، تزين كل واحدة بحبتين أو ثلاث
من الصنوبر، تخبز لمدة ١٠ أو ١٢ دقيقة.

5/20

أرز بالزعفران مع الفول الأخضر

مقادير لـ ٤ أشخاص: ١ بصلة متوسطة الحجم
٤٠٠غ فول أخضر طازج (الحبات فقط) ١-٢ سمن
كبيرة ٢٠٠غ أرز بسمتي. ٣ كبسولات زعفران
أو بضع شعيرات. ملح. ١ باقة من الزعتر البري
(أو ريحان). ٢٠٠غ لبن. الطريقة: يقطع البصل
إلى مكعبات صغيرة ويحمر مع الفول بالسمن حتى
يذبل البصل. يوضع الأرز مع الزعفران فوقهم ويحرك
ثم يضاف إليهم ٨٠٠ مل من الماء ويملح ويترك
ليغلي ١٠ دقائق على نار متوسطة. يحرك
بين الحين والآخر ثم تخفف الحرارة ويترك حتى
يتشرب وينضج. يقدم الطعام مع الزعتر البري
واللبن الطازج.

6/22

سلطة الخيار باللبن

مقادير: ٢-٦ خيار متوسط الحجم . ٢ فص ثوم . ٢٠٠غ
لبن . ملح . ١ ورقة نعنع يابسة . ٢-٣ ملاعق
صغيرتين . للتزيين: نعناع أخضر .

يدق الثوم او يطحن ويضاف اليه اللبن والملح والنعناع الجاف في وعاء عميق ويخلط جيداً. يغسل الخيار ويقطع الى مكعبات صغيرة بدون تقشير. يخلط بعد ذلك مع اللبن ويوضع في الثلاجة. يزين فيما بعد بأوراق النعناع الأخضر.

7/ ٤٢

فطاير بالجبنة والحبة

مقادير ١٠ فطاير: ٢٠٠غ جبنة طرية، ١ بيضة صغيرة، زعفران، ٣٣ ورقة حبقة، ٥٠٠غ من العجين (انظر الطريقة). الطريقة: يحمى الفرن على درجة ٢٠٠ مئوية، يخلط الجبن مع البيضة والزعفران والحبة الممزوج ويعجن الخليط. تفرد العجينة وتقطع الى ٢٠ دائرة، نستشرق واحدة من كل مربع صحن تصبغ ببياضة البيض. يوضع الخليط في الوسط ويشكل كل دائرة على شكل هرم أو جدار يمنع خروج الجبن عند الطبخ ويصبح محل متقن قالب أو مركب. تخبز في الفرن مدة ١٠ دقائق.

8/25

القرنبيط على الطريقة العربية

مقادير لـ ٤ أشخاص: ملح، رأس قرنبيط، زيت نباتي للقلي، صلصة الطحينة (أنظر في الطريقة)، ملعقة شاي من كل من حبة البركة والسماق للرش.

الطريقة: توضع كمية كافية من الماء والملح على النار. يقطع القرنبيط على شكل أجزاء أو عناقيد ويوضع في الماء المغلي مدة ٤ دقائق ثم يرفع من الماء. يحمى الزيت بدرجة ١٨٠ أو ٢٠٠. إقلِ قطع القرنبيط بالزيت ذهبية. ثم توضع فوق الورق حتى تنشف وتبرد. تقدّم مع صلصة الطحينة، إذ يرش عليها في أثناء التقديم ثم تزين بحبة البركة والسماق.

9/ 41

بطاطا حارّة

مقادير ل ٦ - ٨ أشخاص : ١ كغ بطاطا طازجة جافة الشكل الحجم كبيرا. ٣ فصوص ثوم. ١ بصلة متوسطة الحجم. ٣ مل من زيت الزيتون. ملح. ٢ ملعقتين صغيرتين من الهريسة. ٢ ملعقتين صغيرتين كمون. ١ باقة صغيرة قزبرة. أغذاء التزيين : فلفل أحمر مرحيش أو فلفل.

الطريقة : قشر البطاطا وقطعها إلى مكعبات صغيرة، وقشر البصل والثوم واهرسهما. يحمى الزيت في مقلاة، وتقلى البطاطا بعد تمليحها في زيت حار وعلى نار قوية مع التقليب المستمر حتى تتحمر وتصبح هشة. توضع البطاطا المقلية جانبا، ويحمر البصل والثوم في الزيت المتبقي مع إضافة الهريسة والكمون والكزبرة. ثم تضاف إليها البطاطا وتقلب مع هذا الخليط. توضع في طبق التقديم حتى تبرد وتزين بالمعدنوس المنثور أو غيره.

10/ 2.

حمص أو مسبحة

مقادير لـ ٦-٨ أشخاص: ٤٠٠غ حمص جاف،
٢ فصوص من الثوم، ٢٥٠غ طحينة، ٢ ليمون
حامض (معصور)، ٢ ملعقة صغيرة من
الملح. للتزيين: أوراق بقدونس، زيت.

الطريقة: ينقع الحمص في كمية وافية من
الماء البارد في وعاء مغطى لمدة ١٢ ساعة.
يرمى ماء النقع ويضاف ماء جديد ثم يوضع الحمص
على النار حتى ينضج تماماً. يوضع الحمص المسلوق
مع الثوم والملح والطحينة في خلاط ويطحن
جيداً. يضاف إليه شيء من الماء لتقريب
ومع حسب الطلب. يوضع في طبق التقديم
ويزين بالبقدونس ثم يرش بالزيت.

11/ ٢٩

سلطة السلق مع الزبيب

مقادير لـ ٤ أشخاص : ½ حزمة سلق أخضر
ربع زبيب . ملح . أعواد البصل الأخضر في
ثلاثة ربطات . ٣ ليمونات غير معصورة
٥٠ مل من زيت الزيتون . ½ باقة بقدونس أملس .
الطريقة : يوضع النقيع مدة دقيقة واحدة
في ماء مسخن على النار، ثم يجمع ويضاف
إليه الزبيب ويترك مدة ساعة جانباً
يوضع الماء في ليترين من الماء المملح على النار .
تزال البذيرات العالقة على ساق السلق
وتوضع الأوراق جانباً من أجل صنع السلطة
والمعني مثلاً . فتقطع أضلاع السلق بسماكة
٥ مم تقريباً . يقطع الليمون أرباعاً ويضاف
كله إلى الماء الغالي مدة ١٢ دقيقة .
تصفى بعد ذلك وتترك إلى أن تبرد ثم يضاف
إليها عصير الليمون مع الزيت والزبيب
من دون النقيع . يضاف البقدونس ناعماً
ويرش مجموعها في طبق التقديم .

12/ ٢٨

نقانق الخروف

مقادير لـ ٨ أشخاص : ١٠ سم من الأمعاء الطبيعية من عند الجزار . ملح . ٥٠٠ غ لحم خروف مفروم . ٢ ملعقتان صغيرتان من الفلفل . ٢٠ غ صنوبر . ملعقة صغيرة من بهارات الدواجن . ملعقة صغيرة من الهريسة . زيت الزيتون للقلي . للتزيين : سلطة مع الهريسة والطحينة : ينقع الأمعاء في ماء مملح . تعجن اللحمة مع البهارات والملح والصنوبر والهريسة . يدخل رأس قمع في طرف المعي ويوضع أمامه فوهة ماكينة الفرم . تدار الآلة الكهربائية فيمر اللحم منها في المعي ويراعى أن لا تتخلله فقاعات هوائية ويحشى بشكل منتظم ومتناسق ثم يربط طرفا المعي وكذلك كل مسافة ١٠ سم منه . تعلق السبحة مدة ساعتين أو ثلاثة حتى يتقطر . تقطع النقانق عند كل عقدة وتقلى بهدوء في الزيت وتقدم مع الخضار والهريسة .

أرز بالزعفران والزبيب

مقادير لـ ٦-٨ أشخاص: ٣ ملاعق طعام من السمن، ٥٠٠غ أرز مصري، قبضة من الزعفران الناعم، ظرف صغير من شعيرات الزعفران، ملح، ١ ليتر من مرق الخضار، ٤٠٠غ من الزبيب، ٥٠غ من اللوز المقشر، ٢٥٠غ من الصنوبر. الطريقة: يحمى السمن على النار ويحمر الأرز بتقليبه المستمر. يضاف إليه الملح والزعفران ومرق الخضار ويترك على نار هادئة مدة ٢٠ دقيقة حتى ينضج. يضاف إليه الزبيب بعد ٥ دقائق من غليانه. يحمص اللوز والصنوبر واحداً تلو الآخر في مقلاة ناشفة، ترش بعد ذلك فوق الأرز. يقدم ساخناً أو بارداً.

باذنجان (باذنجان دون الحبة)

مقادير ٦ - ٨ أشخاص: ٣ حبات باذنجان متوسطة الحجم، ١ فص ثوم، ١ ليمونة معصورة، ملح، ½ رمانة (الحبات)، ٨ ورقات حبق، زيت زيتون للرش، للتزيين: صنوبر محمّص. الطريقة:

يحمى الفرن درجة ٢٠٠ مئوية، يثقب الباذنجان بواسطة شوكة من عدة جهات ويشوى في الفرن مدة ٢٠ دقيقة ثم يترك ليبرد. يقطع الباذنجان طوليا وينزع اللب فقط. يطحن بشكل خشن بعد إضافة الليمون والثوم المهروس. يخلط الجميع وحبات الرمان مع الباذنجان ثم يوضع في صحن ويرش بالزيت ويزين بالصنوبر.

15/٢٥

كوسى مع الجرجير

مقادير (٤ أشخاص): ٢ باقات من الجرجير،
٢ ملعقة طعام من خل الأعشاب، ملح،
٢ حبات كوسى متوسطة الحجم، زيت زيتون
للقلي. للتزيين: لوز محمّص. الطريقة: يطحن
الجرجير مع اللبنة والخل بواسطة خلاط حتى يصبح
مزيجاً "كثيفاً"، ويرش الطعم بإضافة الملح. يقطع
الكوسى إلى شرائح مستديرة أو حسب
الرغبة ويقلى في زيت الزيتون ثم يملح. يقدم
الكوسى مع الصلصة ويزين باللوز.

الزعتر

مقادير ٤ أشخاص: ١ ملعقة طعام من السمسم
٢ ملعقتين كبيرتين من الزعتر المجفف. ٤ ملاعق
طعام من الزعتر البري المجفف (أوريجانو)
٢ ملعقة طعام من السماق. زيت زيتون.

الطريقة: يحمص السمسم في مقلاة من دون
دهن مع التحريك المستمر منعاً لاحتراقه. الأعشاب
الجافة تطحن في مطحنة. ثم تخلط مع السمسم
والملح. يقدم ٣ ملاعق من الخليط مع ١ ملعقة طعام
للشخص الواحد مع زيت الزيتون.
يغمس الزيت والزعتر مباشرة من الصحن
مع الخبز.

17/ ٢٢

مسلوقة السلق باللوبيا الجافة

مقادير ل ٦ - ٨ أشخاص: ٢ رزمتا سلق، تؤخذ الأوراق فقط منها، ٢ بصلتان صغيرتان، ٣-٤ ملاعق كبيرة من زيت الزيتون، ٢٠٠غ لوبياء بيضاء مسلوقة، ملعقة صغيرة ١ من الكزبرة المطحونة، ٣ بصلات خضر.

للتزيين: شرحات من الليمون.

الطريقة: نقطع أوراق السلق الى شرائح ثم نسلقها في ماء مملح مدة ٥ دقائق. نصفيها ثم مباشرة بوضعها في ماء بارد. ثم نصفي ونعصر للتخلص من الماء الفائض. نقطع البصل ونحمّص في الزيت مع الثوم دون أن يحترق. نضيف الكزبرة واللوبيا والتوابل ونترك على النار حتى يغلي. نقطع البصل الأخضر ناعماً ونضيف الى حين يغلي جيداً معه أخيراً نضع السلق فوقه ونخلط المزيج. نرفع الوعاء عن النار ونترك الطعام ثم نتركه حتى يبرد. نقدم في طبق بعد تزيينه بشرائح الليمون.

اللوبية بالبندورة

المقادير ١ - ٢ أشخاص: ½ كيلو لوبية (فاصوليا). ½ كيلو بندورة (طماطم). ١ بصلة متوسطة الحجم. ٣ فصوص ثوم. ٣ - ٤ ملاعق كبيرة من زيت الزيتون. ½ ملعقة شاي من رب الفليفلة (هريسة) أو حبة فلفل حار.

الطريقة: تغسل اللوبية جيداً وتقطع بطول ٣ سم. وتقطع البندورة على شكل مكعبات أما البصل فيفرم على شكل شرائح مع الثوم. ثم يوضع على النار مع الزيت حتى يحمر بدون أن يحترق. تضاف إليه اللوبية، ويعد تقليبه بضع دقائق يضاف الملح والبندورة ورب الفليفلة والبهارات. تطهى على نار متوسطة مع التقليب بين الحين والآخر حتى لا تلتصق مدة ٣٠ إلى ٤٠ دقيقة. تؤكل باردة أو ساخنة.

19/ ١٩

سلاطة الجرجير

مقادير لـ ٨ أشخاص: ٢ باقات من الجرجير
٢ ليمونة معصورة، ٢ ملاعق من زيت الزيتون،
ونصف ملعقة شاي من السماق، ونصف
ملعقة شاي من حبة البركة، ملح، ٦٠٠ غ
جبنة خروف، ٢٠٠ غ بندورة، ١ ضمة
(حزمة) من الريحان (الحبق)

الطريقة: تنظف السلطة وتنزع السيقان
القاسية. يعصر الليمون ويخلط مع الزيت
والسماق وحبة البركة والملح. تقطع الجبنة
إلى مكعبات صغيرة والبندورة إلى أرباع
وتقطف ورقات الريحان وتخلط الكل
مع الصلصة.

20/٢٠

محمّرة (صلصة الفليفلة والجوز)

مقادير لـ ٦-٨ أشخاص: ٥٠غ شروش خبز جافة (تقريبًا أربعة أكواب). ٢٠٠غ جوز مقشر. ١ ملعقة أو نصف ملعقة من دبس الرمان. ٥٠غ من مسحوق الفليفلة الحادة. ٦٠ مل من زيت الزيتون. ½ ملعقة شاي من الملح. ١ ملعقة شاي من الكمون. ١ ملعقة أو نصف ملعقة من رب الفليفلة (الحمراء).

للتزيين: الجوز بشكل أنصاف كاملة.

ويستبدل من الخبز الطرية: يسحق الخبز والكعك ناعمًا. يضاف إليه ٥٠غ من الجوز المفروم الخشن، والباقي يطحن ناعمًا وتخلط المقادير بشكل جيد مع إضافة ٦٠ مل من الماء على مراحل حتى تصبح معجونًا. تقدم على طبق ويضاف إليها الزيت ثم تزين بحلقات الجزر وأنصاف الجوز.

محشي السلق

مقادير لـ ٨ أشخاص: أوراق سلق بعدد ربطة
واحدة كبيرة. باقة بقدونس أملس. ١ بصلة
خضراء. ٦٥٠غ أرز بسمتي. ٢٥٠غ حمص مسلوق
ومصفى. ٢-٣ ليمونات معصورة. ٥٠ مل من زيت
الزيتون. بهار أسود من المطحنة. ٢-٣ وريقات
نعناع مجفف. ٢ حبتان من طماطم الطبخ. ٢٥٠غ
بطاطا مخرطة للسلقة، أجزر، فليفلة.
للتزيين: شرائح الليمون ونعناع أخضر. الطريقة:
ينزع ورق السلق من الساق بشكل نظيف
ويحتفظ بالساق لسلطة السلق
(أنظر إلى الطريقة). توضع الأوراق لمدة ٥ دقائق
في ماء مغلي وتترك لتغلي. تنزع بعدها وتوضع
في ماء بارد ثم تجفف وتلف بنفس طريقة
ورق العنب السابقة وكذلك تطبخ.

الكرفس مع الزيتون الأسود

مقادير ٤-٦ أشخاص: ١ رأس متوسط
والحجم من الكرفس، ٥٠٠غ من الزيتون الأسود
بدون نواة. ملعقة ٢ من زيت الزيتون
ملح وفلفل. للتزيين: ٣ حبات من الرمان

الطريقة: يقشر رأس الكرفس ويقطع إما
على شكل أرباع أو شرائح رقيقة. يقطع
الزيتون قطعاً صغيرة. في الصحن تقلى شرائح
الكرفس مع تحريكها باستمرار. يضاف
الملح والفلفل والبهارات للتتبيل. تضاف
٣ ملاعق وأربع ملاعق من الماء ثم يغطى
القدر ويطبخ على نار متوسطة لمدة ٦ دقائق
حتى الكرفس، وإذا أمكن ذلك. يضاف الزيتون
خفيفا بعد ذلك الكل في صحفة تقدم
مع الصلصة باردا ويزين بحبات الرمان

فلافل

مقادير ٦-٨ أشخاص
٤٦٠غ من الحمص الجاف. باقة بقدونس صغيرة. باقة
كزبرة خضراء صغيرة. بصلة صغيرة. ٣ فصوص من الثوم.
٢/١ ملعقة مسحوقة من كل من الكزبرة الجافة. القرفة.
الكمون، وبودرة الصودا. ٢/١ ملعقة شاي من الملح.
ملعقة صغيرة من السمسم. زيت نباتي للقلي.
صلصة طحينة. (أنظر الى الخفيفة).
ينقع الحمص في ماء بارد مدة ١٢ ساعة ثم يصفى ماؤه. ويرمى
الماء. ويوضع الحمص مع المقادير ما عدا السمسم في
آلة الفرم (كهربائية أو يدوية) ثم يطحن جيداً ويضاف
اليه اربعة ملاعق من الماء ويعجن. فتشكل من هذا
الخليط كرات بواسطة ملعقة أو مبكلة وتغمر في السمسم
ثم تقلى في زيت حار ٣٧٥ فولي ١٩٠ درجة حتى يصبح لونه بنياً
ذهبياً. وترفع الكرات على ورقة المطبخ لتنشف من الزيت
الفائض. تقدم في صحن ويوضع فيه شيء من الطحينة
وتوضع في وسطه.

سلطة الشوندر

مقادير ١٠ أشخاص: ٢٠٠غ من الشوندر، ملح، ٤ بصلات صغيرة (كراث)، ٥٠غ مقدونس، ١ ملعقة شاي نعناع مجففاً. ٢ ملاعق طعام من الخل الأحمر ٦ ملاعق من زيت الزيتون.

الطريقة: يسلق الشوندر بالماء والملح مدة ٤٠ دقيقة، ثم يترك حتى يبرد. يقشر ثم يقطع إلى مكعبات صغيرة. يقطع الكراث الأخضر إلى شرائح رفيعة، ويفرم المقدونس بشكل ناعم، ويفرك النعناع أيضاً. يخلط الشوندر مع الزيت والخل وبقية الأشياء ويترك مدة ساعة حتى يشرب.

25/סל

باذنجان مع الجبن

مقادير ٦-٨ أشخاص: ٢ باذنجانة متوسطة، ملح، زيت نباتي للقلي ٢٥٠غ من البقدونس الأملس ٢٥٠غ جبنة (موزاريلا) ١ ملعقة صغيرة ٣غ كمون ١ ملعقة صغيرة ٣غ من رب البندورة ½ ليمونة حامضة ١ ملعقة صغيرة ٢غ زيت زيتون.

الطريقة: يقطع الباذنجان على شكل أصابع بسماكة ١سم و٣سم، ثم ينقع في ماء مملح مدة ٣٠ دقيقة. يرمى الماء ويترك حتى يجف تماماً. تقلى في زيت حار بدرجة ١٨٠ درجة في مقلاة، توضع على مناديل مطبخ حتى تتشرب الزيت الفائض وتترك حتى تبرد. يفرم البقدونس ناعماً ويرش فوقها. يقطع الجبن على شكل مكعبات صغيرة ١سم وتوضع فوق الباذنجان، ويرش فوقها الكمون والبابريكا.

برغل بالبندورة

مقادير ٤-٦ أشخاص : ١ بصلة متوسطة الحجم ،
٢-٣ ملعقة طعام من زيت الزيتون ، ٢٠٠غ برغل ،
٢٥٠غ طماطم مقشرة (طازجة أو معلبة) ، ١٠٠غ
مرق الخضر ، ٥٠غ حمص مسلوق وملح ، ملعقة
شاي من الهريسة ، ١ ملعقة شاي من الكمون ،
ملح ، ٥٠غ لبن . الطريقة : يقطع البصل قطعاً
كبيرة ويحمّر في الزيت بلون بني فاتح . يوضع فوقه
البرغل مع الطماطم والحمص والبهارات مع إضافة
الملح ويحرك جيداً . يغطى الكل ، ويوضع على نار
هادئة مدة ٢٠ دقيقة مع تغطيته وتحريكه من
حين لآخر . يترك الطعام . يقدم ساخناً أو بارداً
مع اللبن .

سلطة فصوليا بيضاء

مقادير ٤ - ٦ أشخاص: ٥٠٠غ فاصوليا بيضاء كبيرة، ملح، ٢ فليفلة، ٢ طماطم، بصلتين خضراوين مفرومتين، ٢ باقة بقدونس أملس، ليمونة حامضة معصورة، ٤ - ٦ ملاعق كبيرة من زيت الزيتون، فلفل أسود من المطحنة.

الطريقة: تنقع الفاصوليا بماء بارد مدة ٤٠ ساعة. يرمى الماء وتوضع في ماء جديد لتغلى على النار مدة تتراوح بين ٤٥ - ٩٠ دقيقة. تملح حينما بعد وتترك حتى تبرد ثم تصفى. تنزع بذور الفليفلة وتقطع مع الطماطم الى مكعبات، وكذلك البصل الأخضر على شكل حلقات، ويفرم البقدونس ناعماً وتضاف جميعها الى الفاصوليا. يخلط الزيت مع عصير الليمون والبهار والملح وتضاف الى الفاصوليا. تحرك وتترك حتى تتشرب تماماً.

بسطرمة مع التمر المحشي

المقادير: ٦-٨ أشخاص ٢٠ شريحة بسطرمة
(لحم مفروم نوع مجفف) مقطعة بشكل رقيق.
٢٠ حبة تمر، ٥٠ غ لب الجوز. الطريقة: يحمى الفرن
بدرجة ١٨٠. يفتح التمر من الوسط دون أن يفصل
وينزع النواة منه. يحشى كل واحدة بنصفي لب الجوز،
ثم تضع التمرة على شريحة البسطرمة
ثم تلف عليها مع تثبيتها بعود خشب. تدخل
الى الفرن مدة ثلاثة دقائق وتقدم مباشرة.

29/ ٢١

لوبيا بالزيت (خضراء)

مقادير ٤ - ٦ أشخاص: ١/٢ كغ من اللوبيا الخضراء، بصلة متوسطة الحجم، ٣ فصوص من الثوم، باقة من الكزبرة الخضراء، ثلاثة ملاعق طعام من زيت الزيتون. بهار أسود، ملح. الطريقة: توضع كمية وافية من الماء على النار حتى تغلي. تنظف اللوبياء أثناء ذلك وتغسل جيداً ثم تقطع قطعاً صغيرة. أما الثوم والبصل فيقطعان على شكل دوائر. تفرم الكزبرة. توضع اللوبياء مدة خمس الى سبع دقائق في الماء المغلي المملح. تصفى ثم تغمر مباشرة بماء مثلج ثم تصفى. يحمى البصل والثوم في الزيت حتى يذبل دون ان يحترق. تخلط معه اللوبياء والكزبرة. يضاف الملح والبهار وتقدم ساخنة.

حمص باللحم (مسبّحة)

مقادير ٦-٨ أشخاص: ٤٠٠-٤٥٠ غ حمص حب، ٣-٤
ملاعق من زيت الزيتون وكذلك زيتاً إضافياً من أجل
التزيين، ٥٠٠ غ لحم مفروم معتدل، ملح، بهار أسود
من الملعقة مطحونة جيداً، وحب الصنوبر
حب مغلي) مطحون (بدون الملعقة) ٨-١٢ ملعقة
صغيرة من السبعة بهارات، أي الكمون من
قبل (حسب الطعمة). يقلى الصنوبر في مقدار
من زيت ثم يترك حتى يبرد. يقلى اللحم في
مقلاة [illegible] حامية، يوضع فوق الزيت واللحم
[illegible] ويقلب جيداً حتى يتغير اللون
الأحمر تماماً ثم يملح ويتبل. توضع ملعقتان
من [illegible] الحمص في الصحن وتوزع عليه، ثم يرش
اللحم فوقه مع حبات الصنوبر، يضاف أيضاً [illegible]
قليل من الزيت.

صفيحة بالسمسم

مقادير لـ ٢٠ قطعة تقريباً: ½ بصلة متوسطة الحجم،
٢٥ غ من السمسم، ملعقة طعام من رُب البندورة،
ملعقة شاي من الهريسة (رُب الفليفلة)،
٣ ملاعق طعام من زيت الزيتون، ملح، ٥٠٠ غ من
العجين (انظر الطريقة). الطريقة: يحمى
الفرن بدرجة ٢٠٠ مئوية، تفرم البصلة ناعماً وتخلط
مع بقية المواد. تفرد العجينة رقيقة وتقطع على
شكل دوائر بقطر ٥ سم، تثقب بشكل متناسق
بواسطة شوكة ثم يوزع عليها الخليط بالتساوي.
تخبز لمدة ٧ إلى ١٠ دقائق.

فول مع النعناع

مواد لـ ٤ أشخاص . ٥٠٠غ فول سوداني . قليل
من كربونات الصوديوم (أطراف ملعقة أو سكينة) .
٢ فص ثوم . ملح . ٣ ليمونات معصورة . ١ حزمة
نعناع يابسة . نعناع أخضر . زيت للتزيين .
الطريقة : ينقع الفول لمدة ١٢ ساعة في وعاء
مغطى ومملوء بماء بارد . يرمى هذا الماء ويعوض
بماء جديد ، تضاف إليه كمية الكربونات ، ويغلى على
النار مدة ٥٠ دقيقة . يرمى ماء الغلي ، ويصفى
الفول في مصفاة . يرقق الثوم أو يطحن ويضاف
إليه الملح والحامض ويخلط مع الفول ويترك مدة
حتى يتشرب . يوضع في وعاء التقديم ويرش فوقه
الزيت ويزين بأوراق النعناع . يقدم باردًا
أو ساخنًا .

صلصة الطحينة (أخو أخو)

مقادير ٤-٦ أشخاص: ٣٠٠غ طحينة

١-٢ ليمونتان معصورتان، ٤٧٥غ لبن،

ملح. الطريقة: تخلط هذه المقادير في إناء

أو في وعاء مع الطحينة شيئاً من الماء. ويحرك

الصحن حسب الذوق ويقدم مع الفلافل

أو القرنبيط المقلي أو الحلحل

34/לד

كبة محشية

مقادير ٨ أشخاص: ٥٠٠غ برغل ناعم
٤٠٠غ لحم خروف. ١/٢ كغ بصل. ٢ حزمة بقدونس. ملعقة
بهارات (ستيكي). ٦ أوراق صغيرة من الحبق. ملح
سمن للتحمير. ٢ ورقة غار. ٢ أعواد
ملعقة صغيرة (هال مطحون). ٢٠٠غ لحم
خروف مفروم. ١/٢ ملعقة صغيرة من بهارات
الفلفل. حبات رمانتين. ٥٠غ صنوبر
محمّص. ٥٠غ فستق حلبي. مفروم. [illegible]
زيت للقلي. التزيين: صنوبر وحبات رمان.
الطريقة: ينقع البرغل ويعصر من الماء
ويترك حتى ينتفخ ويتشرب كل الكمية.
يطحن مرتين مع لحم الخروف. يضاف البصل أثناء
ذلك البهار والفليفلة والملح. يعجن
الطعام بعد ذلك ويعاد طحنه مرة ثالثة.
للحشوة: يقلى بقية البصل قليلاً ويضاف
على النار مع الغار والبهارات. ويضاف إلى
اللحم الني والصنوبر والرمان بعد قليل.
يشكل من عجينة البرغل أقراص صغيرة
مجوفة وتحشى ثم تقلى بالزيت الحامي.

סר/35

سلطة الزيتون الأخضر

مقادير لـ ٦-٨ أشخاص: ٥ ملاعق صغيرة من زيت الزيتون، ٢ ليمونتان معصورتان، ربطة زعتر مقطّعة، ٢ فصّا ثوم، ٤٠٠غ طماطم (بندورة كوكتيل)، ٣٥٠غ زيتون بدون نواة، ٦٠٠غ زيتون أسود بدون نواة.

الطريقة: يخلط الزيت مع الحامض ثم أضف الزعتر والثوم المطحون أو المقطّع. قطّع الطماطم، الزيتون الأخضر إلى نصفين ثمّ يضاف إليها الزيتون الأسود المقطّع. تخلط بهذه المقادير وتترك مدة حتى تتشرّب جيداً دون إضافة ملح.

معجون البطاطا (مطحونة)

مقادير ٨ أشخاص: ١ كغ من البطاطا المسلوقة، ملح، ٢ ليمونتان معصورتان، ١ ملعقة صغيرة من الكمون، ٤-٥ ملاعق من زيت الزيتون للتزيين، ½ باقة فجل، ٥٠ غ من الفلفل الأحمر، ½ بصلة حمراء، ١ غصن زعتر مقطعاً. الطريقة: تقشر البطاطا ثم تسلق في ماء مملح. تسحق وهي ساخنة بواسطة شوكة مثلاً أو غيرها. يضاف الليمون إلى معظم الكمون والملح حسب الحاجة وكذلك الزيت. يفرم الفجل والفلفل والبصلة فرماً خشناً يضاف إليه الملح وأوراق الزعتر وباقي الزيت ويترك مدة ٦ ساعات للتتبيل، ثم يوضع فوق معجون البطاطا. مع رشه أخيراً بشيء من الزيت.

مسقعة

مقادير ١ - ٤ - ٦ أشخاص: ٢٥٠غ بصل. ٣ فصوص ثوم [illegible]
٢٥٠غ من الفليفلة الخضراء والحمراء والصفراء. ٢ [illegible]
[illegible] ١ [illegible] (أشنيات) ٤ ملاعق [illegible] ٢٠٠مل زيت
الزيتون. ٢٥٠غ [illegible] مقشرة [illegible] أو مغلية
ملح. ٤٠٠غ من الحمص المسلوق (مقشر). ١ حبة
باذنجان (حجم كبير). زيت نباتي للقلي.
الطريقة: يقطع البصل والثوم ناعماً. تزال البذور
العالقة بالفليفلة وتقطع بحجم البصل والثوم على
شكل مكعبات دون أن تقلى. ثم تضاف [illegible]
الفليفلة لمدة ٥ دقائق. وبعدها تضاف الطماطم
مع الفلفل الأسود والملح وتطبخ الخليط لمدة ١٥
دقيقة. يضاف بعدها الحمص لمدة ١٠ دقيقة
أخرى. يقلى أثناء ذلك الباذنجان المقطع إلى شرائح
طويلة غير سميكة. توضع على ورق [illegible] حتى يتشرب
الزيت. ثم يوضع في الصحن المطبوخة ويقدم

متبل (باذنجان بالطحينة)

مقادير ٦-٨ أشخاص: ٣ قطع باذنجان (حبات) متوسطة الحجم، ١ فص ثوم، ٢ ليمونتان معصورتان، ملح، ٣ ملاعق طعام من الطحينة، زيت زيتون للتزيين، وكذلك كمون وشرائح من الفلفل.

الطريقة: يحمى الفرن بدرجة ٢٠٠. يثقب الباذنجان مرارا بواسطة شوكة ويوضع في الفرن مدة عشرين دقيقة حتى ينضج ثم يترك حتى يبرد. يقطع الباذنجان في الوسط الى نصفين ويفرغ اللب ثم يوضع في الخلاط مع الثوم والحامض والملح والطحينة ويطحن. يقدم الخليط في صحن ويرش الزيت والكمون فوقه. ويزين بشرائح الفلفل

سلطة بطاطس (بطاطا)
شرقية

مقادير ٦-٨ أشخاص: ٤ حبات بطاطا متوسطة، ٤ حبات بصل أخضر رفيعة، ١-٢ باقة بقدونس مفروم، ٢-٤ ورقات نعناع مجففة، ٢ حبات حامض معصور، ملح، فلفل أسود من الطاحونة، ٨ ملاعق زيت زيتون.

تغسل البطاطا بعناية وتُقشّر وتسلق مع قشرتها، ثم تقطع إلى مكعبات. يفرم البصل ناعماً وكذا البقدونس وينعم النعناع المجفف. يوضع على البطاطا ويحرك جميعها بعد إضافة الحامض والملح والزيت ثم تترك لمدة ساعة حتى تتشرب جيداً.

فليفلة بالبهارات

مقادير (٦-٨ أشخاص): ٥ حبات فليفلة أحمر أصفر
وأخضر). ٣ ملاعق طعام من زيت الزيتون. ملح.
½ ملعقة شاي من كل من الكمون والكزبرة. ٥
حبات قرنفل. ٢ حبتين من الفلفل الحار (شيلي)
المطحونة. تقطع الفليفلة إلى أربعة وتزال
البذور منها. يحمى الزيت في قدر وتقلى
الفليفلة مع التقليب الدائم. يضاف الثوم
الملح والبهارات مع ٣ إلى ٤ ملاعق طعام
من الماء. تترك على نار متوسطة مغطاة
بإحكام مدة ٨ دقائق حتى تنضج. إلى
أن تظهر القشرة بين الأخضر والأحمر حتى لا [illegible]

41/a

الشمرة مع الضفادع

مقادير ل ٤ أشخاص : ٢ رأسين من نبات الشمرة

٣ ملاعق طعام من زيت الزيتون . ٢ بندورة من

الحجم المتوسط ملح . ١ ملعقة من العرق

الضفادع . الطريقة : يغسل رأسا الشمرة

ويقطعان على شكل شرائح رقيقة بعد إزالة الكرات

وتطهى الشرائح مع التقليب المستمر

مدة ثلاث دقائق . ويضاف الزيت ٣ ملاعق

طعام من الماء وتطهى على نار متوسطة مدة

ثماني دقائق في وعاء مغلق . ويخلط القدر

بين الجيد والأحمر . تقشر الضفادع

وتقطع على شكل صفحات . توضع تحت الشمرة

(مع شيء من حبات البندورة) . يضاف العرق

شيء من العرق حسب الذوق لذلك المالح ويترك

ثلاث دقائق أخرى على النار .

42/ ^

تبولة

مقادير لأربعة أشخاص

٦٠ غ برغل ناعم — ربطتين (٢) بقدونس

ربطة (١) بصل أخضر — ٣٠٠ غ طماطم (بندورة)

٣-٤ ورقات نعناع (أخضر أو مجفف)

٤-٦ ملاعق طعام زيت زيتون

٤-٦ ملاعق عصير الليمون الحامض

ملعقة شاي تقريبا من الملح

للتزيين:

شرائح من الليمون، خس، طماطم مقطعة في شكل مكعبات

الطريقة:

ينقع البرغل في ماء بارد لمدة عشر دقائق
يغسل البقدونس والنعناع والخس. يقطع
الجزء الأبيض والأخضر الفاتح من البصل
في شكل حلقات. يفرم البقدونس
ناعما. تقطع الطماطم في شكل مكعبات.
يصفى البرغل بشكل جيد ثم يضاف إلى بقية
الخضار في وعاء عميق. أدق النعناع
المجفف أو الأخضر الناعم مع عصير الليمون والملح
وتخلط الصلصة جيدا ثم تضاف إلى الخضار
يخلط الصلصة والخضار في وعاء التقديم ثم تزين

43/ v

فطائر بالسبانخ :

مقادير ١٠ قطع : ٢ كغ من السبانخ أو السلق ،
٤٠غ من السماق ، ملح ، بهارات ، رمانة واحدة ، ٤٥٠غ
من العجين (أنظر الفطيرة) . الطريقة : يحمى
الفرن بدرجة ٢٠٠ مئوية ، يغسل السبانخ وتنزع
منه الأطراف الخشنة . يفرك مع السماق والملح
باليدين حتى يصغر للتخلص من الماء الزائد . يفرم
السبانخ والبصل ناعماً ويخلط مع بهارات الرمان .
يرق العجين ثم يقطع على شكل دوائر قطرها
٧ سم . تشد الدائرة من ثلاث جهات حتى تشكل
مثلثاً يوضع السبانخ داخله . يمسك كل
ضلعي مثلث مع بعضهما وتلصق أطرافه تماماً
حتى تغلق الفطيرة . تخبز الفطائر مدة ٢٠ دقيقة .

44/٦

فتوش (سلطة مع الخبز المحمص)
مقادير ل ٦ - ٨ أشخاص: ١ رأس من الخس (سلطة
رومانية) ٢ حبتا بندورة، ½ خيارة، ١ باقة بقدونس
أملس، ٦ فجلات، ٢٠ ورقة نعناع، ٢ بصلات
خضر، ١ فص ثوم، ليمونتان معصورتان. ملعقة
شاي من السماق، ١ ملعقة شاي من الملح
٥ ملاعق طعام من زيت الزيتون، ٢ من خبز (بيتا)
خبز يوناني. الطريقة: يقطع الخس بما يتناسب
مع حجم الفم. أما البندورة والخيار فيقطعان إلى شكل
مكعبات. يفرم البقدونس بشكل خشن، ويقطع الفجل
على شكل شرائح رقيقة. أما النعناع والبصل فيفرمان
ناعماً. توضع هذه الخضار في وعاء السلطة. يخلط الثوم
المهروس مع السماق والملح وعصير الليمون، ويضاف
إليه شيء من الزيت، ويحرك جيداً. يحمص الخبز
في الفرن للتحميص ثم يفتت باليد إلى قطع صغيرة ويرش
فوق الخضار.

براصيا بالبصل (الفلفل الأخضر)

مقادير ل ٦-٨ أشخاص. ٣ براصيا من الحجم المتوسط. ٤ ملاعق طعام من زيت الزيتون. ملعقة صغيرة من البصل الأخضر. ملح.

الطريقة: يؤخذ من البراصيا الجزء الأبيض والأخضر الفاتح فقط، وتقطع على شكل حلقات. تغسل بالماء ثم تترك حتى تقطر من الماء. يوضع الزيت في قدر ويحمى. يضاف إليه الفلفل الأخضر (حبيبات) وبعدها البراصيا. يوضع فوقها نصف كأس ماء تقريبا مع الملح وتترك مدة خمس دقائق محكمة الغطاء لتنضج. مع هزّ القدر بين حين وآخر.

46/4

سبانخ

مقادير ٤ - ٦ أشخاص: ٢ كغ من السبانخ الورق، ملح، بصلة متوسطة الحجم، ٢ فص ثوم، ٣ - ٤ ملاعق طعام من زيت الزيتون، ½ ملعقة كزبرة صغيرة مطحونة، ½ ملعقة صغيرة أبيض من الكمون المطحون، ½ ملعقة صغيرة من السماق. للتزيين: ٤ت من الحمص المسلوق والمطف بشر أو من الليمون.

الطريقة: يغسل السبانخ جيداً وتنزع منه السيقان الخشنة الثخينة، يصفى من الماء ويترك حتى يقطر، ثم يوضع في ماء مغلي على النار مدة ٣ إلى ٤ دقائق، يرفع عن النار ويوضع في ماء بارد جداً ثم يعصر جيداً. يقطع البصل والثوم إلى حلقات وتحمر في الزيت بلون ذهبي فاتح. يضاف السبانخ والبهار ويحرك. يقدم السبانخ بعد تزيينه بالحمص وبشر الليمون.

برغل بالعدس مع السلطة

مقادير ٦-٨ أشخاص: ٣٠٠غ عدس بني، ملح، ١ بصلة متوسطة الحجم، ٣-٤ ملاعق طعام من زيت الزيتون، نصف ملعقة صغيرة من الكمون، ٢٥٠غ برغل خشن، ١ حبة فلفل أحمر، ١ بندورة صغيرة، ١ بصلة خضراء، ٢-٣ ورقة نعناع مجففة، ½ ليمونة حامضة معصورة، غصن أو أكثر من البقدونس الطازجة. للتزيين: بعض البقدونس. الطريقة:

يوضع العدس في ٧٥٠ مل من الماء البارد ويغلى على النار مدة ٢٥ دقيقة، ثم يملح. يقطع البصل إلى مكعبات صغيرة ويقلى في ملعقتين من الزيت بلون بني ذهبي. يضاف البصل المقلي مع الكمون ثم يطبخ مع العدس مدة أخرى على النار مدة ١٠ دقيقة تقريباً حتى ينضج. تقطع البندورة مع الفلفل الأحمر إلى مكعبات صغيرة والبصل إلى مكعبات، ويقطع النعناع. يحرك باقي الزيت مع عصير الليمون والفلفل، ويضاف إلى الخضار والفلفل الأحمر. ويقدم هذه السلطة مع البرغل وتزيين بالبقدونس.

48 / ٤

ورق العنب المحشي

مقادير ٦-٨ أشخاص: ٣٠٠غ من ورق العنب. ١ باقة بقدونس أملس. ١ بصلة ١ حبة خضراء. ٢٥٠غ أرز بسمتي. ٥٠غ من الحمص المقشور والمنقوع. ٢-٣ ليمونات معصورة. ٥٠ مل من زيت الزيتون. ملح وفلفل أسود ٣-٤ وريقات نعناع مجفف. ٣٠٠غ بطاطا مقطعة دوائر رقيقة. ١ جزرة مقطعة. ٢ حبات من بندورة الطبخ.

للتزيين: شرائح ليمون ونعناع أخضر.

الطريقة: يغسل ورق العنب بالماء الساخن أولاً ثم يترك في ماء بارد لغاية استعماله. يفرم البقدونس والبصل ناعماً ثم يخلطا مع الأرز والحمص وكذلك كمية الليمون المعصور، والزيت والبهارات والملح مع النعناع. تقطع البطاطا والفليفلة. تمد قطع البندورة وكذلك الطماطم التي تشرح وترتب فوقه بعضها في القدر ثم تغطى بطبقة من ورق العنب. توضع أوراق العنب على صينية أو لوحة عمل ويوزع عليها مقدار ملعقة شاي من خليط الأرز وتلف على شكل أصابع. ثم ترتب في القدر بجانب بعضها البعض. يوضع فوقها صحن مقلوب وفوقه وعاء يملأ بالماء. يخلط بقية الزيت مع عصير الليمون مع كمية من الماء ويضاف إلى القدر لغاية ٣ سم فوق طبقة ورق العنب ويغطى القدر بإحكام. يطبخ على نار قوية في البداية ثم تخفض الحرارة ويترك حتى ينضج مدة ٩٠ دقيقة. يقدم ساخناً أو بارداً مع شرائح الليمون والنعناع.

49 /

عجينة الخميرة

مقادير لـ ٣٠ - ٤٠ بيتزا صغيرة أو فطائر: ٢٠ غ خميرة، رشة صغيرة من السكر، ٥٠٠ غ دقيق الطحين، كمية إضافية للرش، ½ ملعقة صغيرة من الملح، بيضة صغيرة، ٢ ملعقة طعام من زيت الزيتون. الطريقة: تذاب الخميرة في ماء دافئ حوالي ١٢٠ - ١٥٠ مل، تضاف إليها المواد الأخرى وتعجن، تترك العجينة مدة ٣٠ دقيقة ثم تعجن مرة أخرى، ويكون منها كرة كبيرة، تنثر فوقها الطحين، وتلف بفوطة رطبة. تترك مدة ساعتين حتى أن تختمر، تستعمل، ويشكل منها أقراص صغيرة للبيتزا أو الصفيحة أو الفطائر أو ما إلى ذلك.

طرقة التحضير

حبة البركة : حبوب سوداء صغيرة كالسمسم. تباع لدى العطارين تحت اسم "Çörekotu" أو في المحلات الشرقية.

طحينة : سائل كثيف مستخرج من السمسم المطحون يجب خلطه جيداً قبل الاستعمال.

ورق العنب : تباع إما محفوظة في ماء وملح في المحلات التركية، أو في المواسم. يوضع الورق في ماء ساخن لنزع الأوراق عن بعضها البعض، ثم تغسل في ماء بارد وذلك قبل الاستعمال.

جبن الماعز : متوفر في بيوت الحمية أو الريجيم وفي محلات المواد الطبيعية.

دبس الرمّان : يباع بالجملة أي المحلات الشرقية. عصير حامض. شراب الرمان الذي يباع في محلات البقالة ويستعمل في عصير المشروبات والكوكتيل.

هريسة : معجون مركز مصنوع من فلفل الأحمر الحار يضاف إليه الكمون والثوم. موجود على شكل أنبوب أو معلب. يباع في المحلات الشرقية أو محلات البقالة الدولية.

واللبن : طبيعي أو نوع بلغاري.

والحمص : نوع من البقول أصفر فاتح. ينقع مدة ١٢ ساعة، يرمى الماء المنقع ويستبدل بماء جديد للسلق. تتراوح مدة السلق ما بين ٤٥ - ١٢٠ دقيقة حسب عمر الحبوب. يمكن تجريبه بين الحين والآخر للتأكد من نضوجه. وبإضافة قليل من كربونات الصوديوم يتم تعجيل النضج. يباع الحمص مسلوقاً محفوظاً في علب. أو بالجملة أو مطحوناً في المحلات الشرقية أو في بيوت الريجيم أو الحمية.

والكزبرة : نوع من الأعشاب الخضراء تشبه البقدونس الإفرنسي ولكن لها طعم مختلف تماماً. تباع عند بائع الخضار في أوعية زجاجية أو على شكل باقات في المحلات الآسيوية. وهناك الكزبرة المستديرة المجففة تباع مطحونة أو من دون طحن في مختلف دور البيع بين رفوف التوابل والبهارات.

أرز بسماتي : نوع من الأرز المعطر، حبه طويل ولونه أبيض، إيراني.

مبسطرجة : لحم خروف نيء ومجففا.

برغل : قمح مسلوق ومجفف، ثم يطحن إما ناعما أو خشنا. يباع في المحلات المشرقية أو في بيوت الحمية أو الرجيم.

تمر : يباع مجففا أو طريا طازجا من شهور السنة. الثمار الطرية تحفظ في الثلاجات وتباع وقد زال التجعد عنها.

بهارات الفلافل : هي توابل مؤلفة من الكمون والكزبرة والقرفة والبهار وجوزة الطيب والفلفل الأحمر (شيلي) والقرنفل والفلفل الأسود والهيل (الحبهان). كل خلطات الجاهزة لهذه التوابل موجودة بكثرة في المحلات الشرقية والعربية.

الفول السوداني : هو بني اللون يباع في المحلات الشرقية والعربية مجففا أو مملحا معلبا. بالنسبة للفول الجاف ينقع مدة ٢٤ ساعة. يرمى ماء النقع ويسلقه في ماء نظيف جديد مدة تستلزمه بعض الفول. فكلما كان قديما كلما احتاج إلى وقت أطول في السلق يتراوح ما بين ٤٠ إلى ٩٠ دقيقة. وبإضافة قليل من كربونات الصوديوم تقل مدة الطهي.

الرمانة : متوفرة في أشهر الشتاء فقط. تقطع الرمانة إلى أجزاء ثم يتم نزع الحبات من بين القشر والفواصل الرقيقة.

الكمّون : نوع من مشتقات الكراوية، حبوب أو مطحونة في بيوت البيع العشبية والمواد الطبيعية أو حوانيت البقالة التقليدية.

النعناع : يباع عند العطارين أخضر أو جافاً أو مجففاً في المحلات العشبية أو محلات المواد الطبيعية.

زيت الزيتون : يستعمل في السلطات المتوسطية أو المشوي خوفه والأطعمة. أفضل الأنواع هو الزيت المعصور بارداً.

ماء الزهر : يباع في المحلات العشبية أو في حوانيت المواد الطبيعية أو حتى في الصيدلية.

المحلات الشرقية : متخصصة في بيع المواد والسلع القادمة من دول شمال أفريقيا والشرق الأدنى والأوسط وقلب المناطق الإسلامية..

الصنوبر : تباع في كل محلات البقالة التخصصية توضع في مقلاة خالية من أي دهن وتقلب جيداً باستمرار حتى تتلون.

المستكة الطبي : يباع مقشوراً وغير مطحون في محلات متنوعة

ماء الورد : موجود تجارياً في المحلات العشبية بكثرة وكذلك في الصيدلية.

الزعفران : شعيرات لنبات تصبغ باللون الأصفر، تباع إما مثل مسحوق ناعم أو في علبة صغيرة بشعيرات أو في كيس خفيف في كثير من المحلات وكذلك الصيدلية وهي غالية جداً.

قائمة المكونات

٢٥ـ سلطة الشمندر

٢٧ـ برغل بالبندورة

٢٨ـ سلطة فصولية بيضاء

٢٩ـ بسطرمة مع التمر الهندي

٣٠ـ لوبية بالزيت (خضراء)

٣١ـ حمص باللحم (مسبحة)

٣٢ـ فتيلة بالكشك

٣٣ـ فول مع النعناع

٣٤ـ سلطة الطحينة (طرطور)

٣٥ـ لبنة محشية

٣٦ـ سلطة الزيتون (أخضر)

٣٧ـ معجون البطاطا (مطحونة)

٣٨ـ مسقعة

٣٩ـ متبل (باذنجان بالطحينة)

٤٠ـ سلطة بطاطس (بطاطا)

٤١ـ فليفلة بالبهارات

٤٢ـ الشنترة مع القواطع

٤٣ـ تبولة

٤٤ـ فطاير بالسبانخ

٤٥ـ فتوش (سلطة مع الخبز المحمص)

٤٦ـ جراصيا بالبهارات (الفلفل الأخضر)

٤٧ـ سبانخ

٤٨ـ برغل بالعدس مع السلطة

٤٩ـ ورق العنب المحشي

٥٠ـ كبيبة الخبيزة

١ - جبنة الماعز (لبنة)
٢ - بامية مع اللحمة الحمرا
٣ - جزر بالبهارات
٤ - جبنة الخروف
٥ - الفتيحة باللحم
٦ - أرز بالزعفران مع الفول الأخضر
٧ - سلطة الخيار باللبن
٨ - خضار بالجبن والجبنة
٩ - القرنبيط على الطريقة العربية
١٠ - بطاطا محمرة
١١ - حمص أو مسبحة
١٢ - سلطة السلق مع الزبيب
١٣ - نقانق خروف
١٤ - أرز بالزعفران والزبيب
١٥ - بابا غنوج بالباذنجان دون طحينة
١٦ - زيتي مع الجرجير
١٧ - الزعتر
١٨ - سلطة السلق بالعربية الجافة
١٩ - لوبية بالبندورة
٢٠ - سلطة الجرجير
٢١ - محمرة (صلصة الفليفلة)
٢٢ - محشي السلق
٢٣ - المشمش مع الزيتون والأسود
٢٤ - ذرة خض
٢٥ - سلطة الشمندر

قائمة طرقة التحضير

وهذا في الختام
مرثية أبي فراس
تأكد والشرخ مؤلمٌ دهراً من الدمنِ
شاعرٌ كيف يشرئبّ
مع وجه الزمن

إن أبيات أدونيس تذكرنا أيضاً بأن قصائد الشعر العربي قد ساهمت في إثراء الثقافة العالمية إلى حد بعيد، واستمر ذلك إلى وقتنا الحاضر. وهذه الحيوية يشهد كتيبنا هذا، ويدل علاوةً إلى أهميته وقوته في مظهره وطريقته وقد يفتح أمام أعيننا حقيقة أن العرب ليسوا مجرد بترول وصراعات فحسب، بل إن العالم يعيش فيه أناس مازالوا بإمكانهم أن يعطوا الكثير، ومنهم، وحتى من خلال الأدب يمكننا أن نتعلم بعض الأشياء.

أودو شتاينباخ

الثامن من مطلع القرن التاسع الميلادي في بغداد.
من هنا يعتبر شاعر الخمر والحب والشذوذ. فهاهو يقابل النقمة اللاذعة الموجهة إليه بسبب مجونه بقوله:

دع عنك لومي فإن اللوم إغراء ... وداوني بالتي كانت هي الداء.

إن هذا البيت يعني من شعره: الحب والشذوذ والخمرة والأكل. وهنا هو يقف أمام لومه، كردّ يبدأ هذا، مزيج يدعو للتأمل وهكذا توحي بالإغراء والنفور في الوقت نفسه. ما يراه هو لحظة اللذات، ومن خطرها اللوم، فليتمشَّ أبو النواس أمامه.

إن جمع الجمال وساعات اللهو واللذات لم تعد تشغل بال شعراء العصر الحاضر أو لتستهويهم. على ما يبدو. حتى إذا ما لاحظ هذا الواقع بأنك ستلقى أبا نواس اليوم في بلده وقد أصبح غريباً، يقف تمثاله على ناصية الشارع المسمى باسمه في بغداد، على ضفة نهر دجلة. ذلك الشارع الذي طالما أوسعه التشرد والشاعر أيضاً بيتيه، ودهماً بحثاً عن اللذات والراحة. إنه هنا الآن يبدو حزيناً كئيباً.

ولعل هذا ما حدا بالشاعر العبقري المعاصر علي أحمد سعيد، السوري اللبناني الأصل، والملقب بأدونيس في لحظة من لحظات الحيرة أن يرحل إلى باريس عام ١٩٨٦. فهاهو يرثي أبا نواس في قصيدته "مرثية أبي نواس" الصادرة بمجموعته الشعرية "أغاني مهيار الدمشقي" عام ١٩٦١. فنتعرف من خلالها كيف حال

إن مبدأ الفن الإسلامي والذي طبع حضارة العرب
منذ القرن السابع الميلادي بطابعه. وإننا
نرى هنا أيضاً ما قلناه أعلاه. فالجزئية لا
تختفي في زحمة التنوع، والتنوع لا يمحي الجزئية
لكنه يخضعها لجدلية الأشياء من خلال تقسيمها
وترسيخ الإيقاع المعبر من خلال الصور التي تعاد
تنظيمه، وإننا لنجد هذا واضحاً في الخط العربي
الذي حمل "معلمنا" أن يقدم أعماله الفنية
من خلاله. فهذا الخط خادم اللغة الإلهية، وبه
نزل القرآن وحياً على الرسول حسب عقيدة
المسلمين. فالعربية هي لغة الله، والخط
العربي في أشكاله المتنوعة مرجعاً يشكل
بعداً دينياً مقدساً لدى المسلمين.
وهبيبي أيضاً لم يكتب هذا الكتاب دنيوياً لولا
أنه موجه لأمثال هذه القراءة. وعلى هذه فقد جاء
تعبيره عما لا ريب فيه. ولذا مرشداً ومعرفاً
وافياً للثقافة العربية خلال الحقبة الإسلامية.
فالجانب الروحي الديني كان ملازماً دائماً للجانب
الدنيوي المادي. وإن هذه الحقيقة لتتأكد
بشكل العيان في تصوير الطواسين، ويضاف إليه
تجسيد الشراب من خلال الشعر العربي.
إن يتعلق الأمر بتأثير الخمرة، فهذا اللون
من الشعر قد اتخذ لدى الشعراء العرب
منحيين: الأول صوفي رمزي، والآخر حسي
مادي. ولعل أبرز من يتعلق بهذا اللون من الشعر
هو "أبو نواس" الذي عاش في نهاية القرن

التي طبعت المنطقة بطابعها طوال العقود الأخيرة.
إن التلاقي المشترك بين الأحزاب المتصارعة والمبني
على العدالة، هو وحده الذي سينقذ أصحابه ويحررهم،
بل سيمكنهم أيضاً من المساهمة في النهضة
العالمية، التي بدأت مع نهاية الصراعات الدامية
في العشريات الأخيرة. وهذا ما يعني، أنه
يترتب على العرب والأوروبيين - على حدٍّ سواء، أن
يعوا حقيقة ارتباطهم الجغرافي والتاريخي بحكم
جوارهم على أنه واقع حتمي، وأن العلاقات
المتبادلة بينهم من تشنج وتوتر أحياناً، ما لم
تتوفر لدى كل الطرفين إرادة سياسية وثقافية
تقوم على تفاهم متبادل، واعتراف غير مشروط
بالمساواة، وأن يعملوا جنباً إلى جنب على
تحقيق ذلك.

إن الحرية وحقوق الإنسان، إنما هما الشرطان
الأساسيان لتحقيق العدالة ومن أجل حياة
مشتركة أفضل. ولعلنا بتذوقنا لهذا المطبخ
نصل إلى الضفة الأخرى من هذه العتبة،
عتبة التفاهم.

ويبدو من هذه المتابعة الجادة أن نظرة هذا
الطيف الجميل الذي نبعثه فينا هو هذا الكتاب
العربي أمتع تعمقه. فنتابع هذه الأطباق
الملونة يذكرنا بتقاليد الفن التشكيلي عند
العرب. إذ أن الجمال يتذكر دائماً في مواقف
متنوعة وجديدة تنبئ عن خيال لا متناه، مما يغني
الروح والخيال.

من ابتداء ذلك.
ولكي يجد الإسلام، الذي هو دين يحدد كليا
بتزايد واستمرار في ألمانيا وأوروبا مأوى
له عندنا، فإن دعوة من الواجبات المستقبلية
المترتبة على مجتمعاتنا المدنية. فإلى أي مدى
تستطيع المجتمعات الأوروبية من تكييف تسامحها
دون المساس بقيمها الحضارية والسياسية؟!
وإلى أي حد يمكن أن يمضي المسلمون، ليس في
ممارسة شعائرهم الدينية بحرية فحسب، ولكن
أيضا في المطالبة بحقهم في تطبيق نصوص أحكام
عقيدتهم الدينية. أو مبادئها، وفي أن يحكموا
بموجب شريعتهم الإسلامية؟
إن هذا لن يتم إلا إذا نحن أفسحنا المجال لهم
أن يشعروا بأنهم مسلمون وأنهم متميزون،
وبمسلكهم في الوقت نفسه. أن يحترموا أيضا
الاختلاف الثقافي والديني عن ذويهم غير المسلمين.
أن نقدم لهم المثل الطيب في هذا التسامح والانفتاح
ذي الذوق الجميل، من خلال "معالم" تجربتي سويسرية
المثلى، يتشخص حتى في أبوابه، "وتحفة
جمرية متكاملة للوضعية السياسية الواعية
بالشرق والغرب.
وأعتقد أن الإسلام قد ترك آثارا عميقة على
حياة الناس في وطن "مثلنا"، أن نفكر
وموارده الطبيعية، ونظامه السياسي
والاجتماعي، بل وحتى إمكانيات تقبلهم الثقافي
من دون قد تأثر سلبيا بالأزمات والحروب،

أكثر فعالية. إلا أن هذه البوادر التي تتحدث في
حدوثها من بلد إلى آخر لا ينبغي أن تعني بالضرورة
قطوعاً أو انقطاعاً، وفي الوقت نفسه،
فإنه لا ينبغي أن نتجاهل أو نتغاضى عن
تأثير ذلك على حركة الاتجاهات التشكيلية،
والتي بدأت ملامحه تظهر تدريجياً
للمعاصرة على هذه الدول الصناعية [illegible]
جراء التسامح، فإنه لابد وأن يكون مطمحاً
ذهنياً يقع على عاتق الزعماء الوطنيين
والسياسيين في البلاد العربية الإسلامية،
بل وحتى على عاتقنا نحن هنا في بلادنا. وهذا
ما يجدر التذكير به.
إن منشأ المطبخ العربي في بلادنا قد جاء
متأخراً إذا ما قيس ليس بالمطابخ
الأوروبية فحسب، بل كذلك إذا ما قورن
بالصينية منها أو التركية. فالمطبخ التركي
يجمعه والمطبخ العربي خصائص مشتركة
هي وليدة فترة الحكم العثماني. وهذا يشير
إلى تنامي الوجود الشرقي في بلادنا بل
وحتى في أوروبا، والذي أحدث بفعل وانتشار
الدين الإسلامي للمرة الأولى في قلب أوروبا،
مشكلاً حضارياً، كما تسبب في بلبلة
مواقف وردود فعل فئات في هذا المجتمع
خاصة من مسجد يرغب في بنائه، الأمر الذي يستثير
الاستياء الذي نستطيع تحليله في ذات الإنسان
مخاوف إمكانية [illegible] العالم المسيحي الغربي

التشرّق والمجموعات تقاطعنا بتآليف الروح
باستمرار.
أما أنه لم يتصل مكتبة بآيات تركية على عادة
القدامى من هذه الكتب، إذا "ق" "م" هينا" عربي
مسيحي من سوريا. إن كلمة "عربي" عندنا
تعني لنا بالضرورة "مسلماً"، إذن أن هذا
ليس هو الحال.

إن المسلمين حينما فتحوا بلاد الشرق
في القرن السابع الميلادي، واتبعوه
بفتح اسبانيا فيما بعد، فإن حكمهم فيه ظل
هناك قروناً عديدة، عرفت فيها البلاد
تعايشاً مسيحياً إسلامياً، يبقى واضحاً
إلى يومنا هذا.

حقيقة أن الإسلام دين تسامح. فمن هذه
القاعدة فإننا نحس أن "أدياناً" من الديانات
التوحيدية الثلاث - والتي تنبع كلها من أصل
واحد - بعض هذه الأديان التي لم تتقطع
لم تهيمنه أو تسحقه...

وإنه ولغاية يومنا هذا، فإن المسيحيين في
الشرق العربي الأوسط، ما زالوا يشكلون
نسبة تتراوح بين ١٠٪ إلى ١٤٪ من
مجموع السكان.

أما في السنوات الأخيرة، فقد ظهرت على
هامش المجتمع الإسلامي حركات تدعو
وتعمل حثيثاً، يبعد منها توحيد مجالات
تطبيق الشريعة الإسلامية بشكل

إن معظم المؤلفات لم ترد إلينا من بغداد أو
دمشق والشام، بل كان كثير من المغرب،
من أندلس الإسلامية. ولعل الفارسية والهندية
والفلسفية هذه الكتب، هي المصادر التي كانت
مصادرها، ومع بعض الحرف سيما وغاية الكتاب
(وحكمة أخرى تتردد في بعض الحكايات لذائع
التأليف)
كل هذا في الجملة من الآيات القرآنية والعبارات
النبوية، وكذلك بأقوال من الحكمة، وعبارات
فلسفية، بل وحتى بأبيات شعرية مشهورة.
في هذه المعرفة بين المؤلفون موضوع الأسباب
والشخصية لهذا الكتاب ويعللونه من رأيهم
الذي يعتبر أنه من الطبع بشكل ٢٦، أي
هذه جهود ثقافية جديدة بالكتاب بين المؤلفين بذلك
زمن لكن يأتي بعدهم
أما كتابنا هذا فإنه يبدأ بالآيات القرآنية
ومن ثم حديث الرسول، إذ أنه "المعلم"
يريد أن يبرز الأمر للشعور المطابقة لحقيقتها
وقومي لتأمل ما قد تحريه، فيتلمس هذا بنفسه
صحيح، ويميز بما إذا كانت قد قامت
شخصيته، وفيما إذا كانت قد جرت أنه يقنع
نفسه بتذوق ما
و"المعلم" ليس بحاجة أيضا إلى أنه يستعمل
كتابة بتبرير سبب عزمه على تأليفه. فمثل
هذه الكتابات مثل ما هي في بيوتنا وجرد
مطابع النشر الأخرى، فكم كثير من

ولعل ما يجعل هذا النوع من الأدب مفيدا
أمرا آخر وهو أنه لا يوضح لنا الظروف التي كانت
تتم فيها تحضير هذه الأغذية وطريقة
تقدمة فيها، كيف تؤكل وتتذوق فحسب،
بل يمدنا بكثير من الأحوال الاقتصادية، والصحية
والاجتماعية، وأخيرا فإنها تمدنا بمعلومات أساسية عن
المطبخ العربي في العصر الوسيط.

هذا وإن الكتب التي يمكن أن تعتبر بصورتها
كتبا طبخ، لم تكن نادرة عند العرب، بل إنه وفي
وقت مبكر جدا، بل إن ابن النديم في مصنفه
"الفهرست" في القرن العاشر الميلادي
يزودنا بقائمة طويلة لهذا النوع من الكتب،
التي يذكر فيها أسماء، وهذا يدل بوضوح وأسماء
مؤلفيها من مختلف أفراد الطبقة العليا
في المجتمع العربي الإسلامي. إلا أنه
من سوء الحظ أن أغلب الكتب التي ذكرها ابن
النديم قد ضاع، وهذا ما يجعل الاطلاع على
تقييم محتواها، ومعرفة نوعية وجودة هذه
المؤلفات أمرا غير ممكن.

إن وجود مثل هذه الكتب، إنما يدل بوضوح على
أن الطعام وتذوقه ذو أهمية ومكانة لدى
المجتمع آنذاك، فضلا عن كونه ذا أهمية كبيرة
حتى يفكر العلماء في تدوين كتب بشأن نوعه،
مما دفع الملوك والأمراء أيضا فيما بعد أن يؤلفوا
كتبا فيما أسموه كتب الطبيخ البغدادي.

في الشوارع، فإنه للضيف مكانة خاصة، وبدا
الضيافة الذي يبدو استمرارية وإياه إلا تعبيراً
عن القبول والترحيب بالغريب. بل إنه كان
يرحب إلى أبعد حدودها.
ففي الصحراء القاسية، حيث تشتد ضرورة العادات
وتتأصل، فإن أمثلة الضيافة التي كانت تعني
أيضاً حماية الغريب من الخطر.
إن الطابع العربي المميز للشخصية، والذي تؤكده
لنا هذه الصور الحية، له فعاليته بعيدة الأمد.
ومعرفتنا لهذا نجدها موجودة بالفعل في أي سلسلة
من المصادر العربية. إن جغرافية الأدب
العربي الشعبية الأساسية تضم الكثير من
الوصف للعادات الظاهرة. وإن الأعمال الأدبية
التي هي موجبة لأشكال الحياة المدنية، إنما
هي في الوقت نفسه حصيلة لمجموعة المعارف
والخبرات، التي جعلت من أخلاقيته كائناً
متحضراً، في مجتمع بالغ التحضر، ومكنته بذوق
في إثبات وجوده وتحقيق نجاحه بها. والأعمال التي
تطرقت إلى موضوع الطعام والشراب بشكل واف.
ومن بين العديد من القصص الطريفة، والتي
الشيقة الكثيرة بالعربية، والتي كانت تتحدث
عن الجمال والخيول والسيف والضيافة، ومسامرات
الأنس والسمر إلى غير ذلك، فإن معلومات
عن الأطعمة والأشربة كانت تطل علينا من
بين السطور.

سيستغرقنا الوقت، ولاشك في المزيد من
المعرفة عن جيراننا هؤلاء، تتعلق بالمعرفة
الواضحة الشروط بين المستوطنة
إن الحضارات الأفريقية والتي أصبحت الكثير
من الأحداث السياسية والاقتصادية، سواء
في الشرقية الأدنى أي شعوب أفريقيا، فقد
زاد الذي جاء بعيداً في تحت تاريخنا عنهم
مريرا، فهم، يختلف واسعة كثافة وإنه دون وجود
مختلفة، إضافة إلى ذلك هناك من الأمن
والسودي، ومن الكثير الوسطي المتدفقة
من مدن الصحراء، هناك عوامل مساعدة
ساهمت في الحرية من تعمق هذه الصورة
المشوهة والمستوطنة عنهم، والتي وصلت
إلى درجة الحكم عليهم والإغراق في التعصب،
أو في أدائهم أصوات الطقوس الدينية، أو أن
نطبع عليهم لقب شيوخ البدو على الأقل
إن المجتمع الطبيعي، إنما يكون في الجانب الوجداني
والمشهد السياسي إلا الطعام تحضير والأطعمة
والأحداث المتوارثة في البلاد العربية، تعقد
من خلاله العلاقات وتتوطد الصداقات.
أما مفهوم الاستضافة فإنه يفرض نفسه
تلقائيا، فيستشعر بحضوره كل زائر أثر استقباله
والترحيب به. والاستضافة عادة متأصلة في
العرب والمستوطنة منهم أو المغاربة، في شبه
الجزيرة العربية أو في غيرها، لدى الفقير والغني

أية محاولة لصياغة جديدة الآن ستجعل
المجتمع العربي غريباً في مشاعرنا. وهذا
لن يحكم على شيء وجداني كما جرت
العادة. بخصوصية المشرقي المجتمع أو هو أنه
فحسب، بل إنه وجد العرض الأول
الجميل للصفة العادات يحمل في طياته
دعوة للتذوق بهذه الأطعمة الغريبة
اللذيذة. بل أكثر من هذا، فإنه يحثنا على
تأمل تلك الحضارة التي يبني اليوم المسلم"
حضارة المآكل. تذكر دوبير مرشيدر
لقد كونه الغرب لنفسه تصوراً كثيراً
عن الشرق، إلا أن تصورهم للفنون
الأطعمة، يكاد لا يكون بينهم.
إن ليالي ألف ليلة وليلة، قد داعبت
صورها مخيلتنا، فأدهشنا بدائع من
الأسطورة والخيال والسحر والمغامرة
والتي تنشئ ذهننا قدماً بعد. أما
خلفية الأذواق على الموائد والشراب، فقد
اختفت لديه وراء عالم العجائب والغرائب
للقصر الخليفة، ووراء أسوار المدينة السرية
والمغامرات، وقصص الحب والإثارة.
ومن هنا فإن هذا الجسد الأول للمطبخ
العربي لن يسد لدينا ذلك النقص في
مفهومنا الأسطوري وغير الحقيقي عن
عالم. هذا عالم جيراننا. فحسب، وإنما

حلب

مازة من المطبخ السوري الرفيع

مقدّمة: البروفسور أُودو شتاينباخ

الصور: هانز هانزن

الناشر : الياس حناصليبا، هامبورغ

المقدمة: البروفسور أودو شتاينباخ

إعداد : مندل وأوبرر، ميونيخ

تصميم وتصوير : هانز هانزن، هامبورغ

خط : جاك طوفي، هامبورغ

ترجمة : مي مقدم، هامبورغ

طرق التحضير : محمد سلامة ومحمد رمراز

مراجعة طرق التحضير : م ارليز كلوستر فيلده، هامبورغ

تصميم الصفحة : تصاميم نوفا . شركة كيرشنر وساندر المحدودة، برلين

طباعة : EBS بورتو لاتسي STEI فيرونا/1

تغليف : ورشة تغليف بوركهارد المساهمة، مونشالتورف/سويسرا

رقم الإيداع : ISBN 3-907044-91-6

دار نشر لارز مولر

صندوق بريد ٩١٢

٥٤٠١ — بادن/سويسرا

books@lars-muller.ch

صليبا

مازة من المطبخ السوري الرفيع